勝尾城筑紫氏遺跡と九州の史跡整備

市村高男＋鈴木敦子＋堀本一繁●編

岩田書院ブックレット

28
[歴史考古学系]

岩田書院

装幀●渡辺将史

はしがき　1

はしがき―本書刊行の趣旨--

　このブックレットは、2017年に実施されたシンポジウム「よみがえる勝尾城 筑紫氏遺跡」での講演・報告を基本に、勝尾城筑紫氏遺跡(佐賀県鳥栖市)の整備の進展を望む市民の意見や、九州各地で進行する国史跡の調査・整備の事例を加えて刊行するものである。

　本書の基本をなすこのシンポジウムは、2017年2月18日(日)、佐賀県鳥栖市教育委員会と、私が所属する(当時)大坂産業大学市村研究室との共催という形をとって、鳥栖市立図書館2階の視聴覚室で実施された。約100人の市民の参加を得て、好評のうちに終了することができた。その内容は次の通りである。

　　記念講演　鈴木(宮島)敦子氏(佐賀大学名誉教授・鳥栖市文化財保護審議
　　　　　　　　会委員)
　　　　　　　「戦国期北部九州における流通網と鳥栖」
　　研究報告　堀本一繁氏(福岡市博物館学芸員・鳥栖市勝尾城筑紫氏遺跡保
　　　　　　　　存整備委員会委員)
　　　　　　　「勝尾城主筑紫氏の政治的地位」
　　研究報告　石橋新次氏(元鳥栖市教育委員会)
　　　　　　　「国史跡勝尾城筑紫氏遺跡―史跡指定への道のりと史跡の整備
　　　　　　　　活用―」
　　研究報告　江上智恵氏(福岡県久山町教育委員会)
　　　　　　　「わたしたちの首羅山遺跡【福岡県久山町】―山の遺跡の保存
　　　　　　　　と活用の一事例―」

　鈴木氏は長年、中世流通・経済史の研究をつづけてこられたこの分野の権威であり、同じく堀本氏も、九州を中心とする戦国期研究に打ち込んでこられた戦国史の権威である。石橋氏は勝尾城遺跡を見出し国史跡に育てあげた本人であり、この城とその関連遺跡について知り尽くされた方である。また、江上氏は、先進的な文化財の保護・活用を実践中で、文化財行政における女性の旗手とも呼び得る方である。この4氏の講演・報告を通じて、勝尾城筑

紫氏遺跡の整備・活用の重要性・必要性が改めて提示され、市民の皆さまにも、その意義についてかなり好意的に受け止めていただくことができた。

　そもそも、このシンポジウムを企画したのは、この10年あまり、勝尾城筑紫氏遺跡の整備事業がほとんど進展せず（それに伴い整備委員会が形骸化してしまった）、九州各地で開始された後続の整備事業に次々と追い越されている現実に危惧したからである。私はここ数年、歴史学や考古学、城郭研究者の集まりで、いま勝尾城はどうなっているのか、しばしば問われることがある。それだけ、最近の勝尾城の現場から情報発信がなされなくなったということであり、そうした現状を少しでも改善しようというのが主たる目的であった。

　かつてこの遺跡の調査・整備事業は、全国の研究者や城郭ファンから大いに関心と期待が寄せられ、国史跡勝尾城筑紫氏遺跡（2006年1月指定）の名に恥じない全国区の史跡として知れ渡り、福井県の一乗谷朝倉氏遺跡としばしば対比されるまでになった。しかし、この10年あまり、鳥栖市から調査・研究の成果はもとより、整備事業に関わる情報も発信されなくなり、しだいにこの遺跡に対する人々の関心が薄れつつあることを実感させられる。このままでは勝尾城は忘れ去られた遺跡になるのではないか。それではこれまで、この遺跡の国指定のために尽力した多くの方々、ご理解を示された地権者の皆さま、中途で斃れた委員の方々、国指定後の整備と活用の実現に期待を寄せられている多くの市民の皆さまを裏切ることになってしまう。そうならないためにも、ここで改めてこの遺跡の素晴らしさを市民の皆さまや、調査と整備の進展を待っている全国の城郭・歴史ファンに情報を発信し、引き続きご支援いただけるようにしよう、というのが本書の刊行に踏みきった理由である。

　それゆえこのブックレットでは、勝尾城筑紫氏遺跡の整備事業が持つ意味を改めて市民の皆さまに知っていただくべく、全国各地で進行する国史跡の整備・活用のあり方の中から、比較的身近な九州から代表的事例を選び、江上氏の報告と合わせて収録した。それが大分市の国史跡大友氏遺跡と、鹿児島県霧島市隼人町の国史跡大隅正八幡宮境内及び社家跡である。

　前者は、大友宗麟らが拠った大友館跡を中心とする都市遺跡であり、大分

市の市街地の中心部にあるがゆえのさまざまな困難を逆手に取って、大分の町づくりの一環としてしっかりと組み込み、現代都市と遺跡の共存共栄を図っている。その内容と特徴の紹介は、この遺跡の調査・整備を牽引してこられた坪根伸也氏（大分市教育委員会）にお願いした。後者は大隅国の一宮であった大隅正八幡宮（鹿児島神宮）境内と社家屋敷跡からなる中世の宗教都市の遺跡であるが、錦江湾の最奥部の湊や周辺の城郭群や古道も射程に捉え、町づくりの一環として調査・整備・活用の構想が検討され、進行しつつあることが紹介されている。執筆は、当初からこの遺跡の保存・整備に関わり、ご自身の退職後の遺跡保存・整備の道筋をしっかり付けられた重久淳一氏（元霧島市教育委員会）にお願いした。この両遺跡とも、保存・整備を町づくりの一環として進めている点は、江上氏が示された首羅山遺跡の保存・整備・活用の理念や方向性と一致しており、いずれも地域づくり、町づくりの一環としての将来を見据えた整備・活用、という考え方が根底にある。

　加えて、このブックレットでは、最初に石橋氏に、勝尾城筑紫氏遺跡が国指定になるまでのさまざまな困難を克服してきた苦難の道筋を紹介していただき、その先に見据えていたものを改めて明示していただいた。そして、石橋氏には筑紫氏館跡・家臣屋敷跡を中心にして主要な遺物と遺構について、また気鋭の城郭研究者である岡寺良氏（九州歴史資料館、鳥栖市勝尾城筑紫氏遺跡保存整備委員会委員）に、勝尾城及びそれと一体的に機能した城郭群の実態と特徴についてご執筆いただいた。

　さらに5人の市民の皆さまから、この史跡の調査・整備・活用についての思いを書いていただき、市民・県民の期待がどのようなところにあるのか示すことに努めた。皆さまそれぞれに柔軟な発想にもとづき、利活用する側の視線から有益な提言をされており、鳥栖市に対する熱い想いが伝わってくる。おそらく、こうした想いは多くの市民に共通するものであろう。

　前述のように、このブックレットの前半は、国指定までの道程と現段階で最も適切な勝尾城筑紫氏遺跡の全貌と特質の紹介、九州における勝尾城主筑紫氏の政治的地位や鳥栖地域の水陸交通と流通面での重要性を示した最新の成果からなり、鳥栖市勝尾城筑紫氏遺跡保存整備委員会委員やその前身の委員会が長年にわたってこの遺跡の重要性を認識し、国史跡に指定し、市民・

県民に情報発信をつづけていた意味をご理解いただきたいと思う。

　後半は九州各地の国史跡の調査と保存・整備についての紹介であるが、そこに共通して読み取れる理念や方向性は、いずれも町づくりの一環として位置づけられており、しかも長期的な展望の中で進められていることである。昨年、改訂された文化財保護法では、史跡の観光資源としての側面が重視され、活用を促す方向性が示されているが、それを根拠に十分な調査なしに集客と経済効果を優先させる近視眼的な政策に走るべきではない。史跡という歴史的文化遺産を町づくりや地域興しの一環としてしっかりと位置づけ、真に市民や地域の住民が活用できるよう、自治体全体が一丸となり、将来を見据えて取り組んでいくことが不可欠であり、その取り組み方の差が、やがては各自治体の較差となって顕在化することは間違いないであろう。

　現在、日本は人口減少が始まり、大都市圏と地方との格差が拡大し、少子高齢化社会の進展と相俟って、地方の地番沈下が急速に進み、数年前には地方消滅というショッキングな議論も提示されたが、それはしだいに現実味を帯びつつある。今ほど将来を見据えた政策が不可欠な時代はないのではないか。確かに鳥栖市は若干の人口増加がみられるとはいえ、それは福岡市の人口増加（しかし、福岡県全体では減少している）に随伴した一時的現象であり、日本全体の人口減少が始まっている以上、近い将来、減少に転じることは確実といってよい。そのとき鳥栖市はいったいどうするのであろうか。今から将来を見据えた対策・政策をしっかりと練っておく必要がある。

　国史跡勝尾城筑紫氏遺跡を活かした町づくりは、その有力な政策となる条件を持つ。交通の要衝という古くからの利点に加え、福岡市の近くに位置しながら豊かな自然に恵まれた生物多様性を有し、多くの文化遺産に接するこもできる自然や歴史の絶好の学習の場となっている。さらに癒し・憩いを求める人々にとっても魅力に溢れるとろであり、どの面から見ても鳥栖市は限りない潜在力を持つところである。それをどのように活用していくか、今、鳥栖市はまったなしで回答を求められている。近視眼の観光政策ではなく、将来を見据え、しっかりとした調査と整備を踏まえた活用が実現することを望み、刊行の「はしがき」とさせていただくことにする。

　2019年7月2日　　　　勝尾城筑紫氏遺跡保存整備委員会会長　市村　高男

目　次

はしがき―本書刊行の趣旨―……………………………………市村　高男　　1

第Ⅰ部　筑紫氏と勝尾城の歴史

「勝尾城筑紫氏遺跡」
　　史跡指定への道のりと史跡の整備活用 ………………………石橋　新次　　9

勝尾城筑紫氏遺跡の主要な遺構と遺物………………………………石橋　新次　25
　　―筑紫氏館跡と家臣団屋敷跡を中心に―

勝尾城筑紫氏遺跡の山城の平面構造…………………………………岡寺　　良　45

勝尾城主筑紫氏の政治的地位…………………………………………堀本　一繁　61

戦国期北部九州における流通網と鳥栖………………………………鈴木　敦子　77

国史跡「勝尾城筑紫氏遺跡」と市民の声
　　……………才田　良美・下田　寛・田中　健一・中山　悟・藤波　誠司　97

第Ⅱ部　九州の史跡整備

わたしたちの首羅山遺跡【福岡県久山町】…………………………江上　智恵　107
　　―山の遺跡の保存と活用の一事例―

史跡大友氏遺跡の整備と活用【大分市】……………………………坪根　伸也　123
　　―市街中心部に所在する史跡の
　　　保護・保存・整備・活用の歩みと展望―

国史跡「大隅正八幡宮境内及び社家跡」の保存と活用
　　【鹿児島県霧島市】………………………………………………重久　淳一　139

あとがき………………………………市村　高男・鈴木　敦子・堀本　一繁　155

第Ⅰ部

筑紫氏と勝尾城の歴史

「勝尾城筑紫氏遺跡」
史跡指定への道のりと史跡の整備活用

石 橋 新 次

1 はじめに

　勝尾城筑紫氏遺跡は、佐賀県鳥栖市北西の城山(標高501.3m)一帯に展開する戦国領主「筑紫氏」によって形成された戦国期の城館遺跡である。遺跡は山上に位置する本城勝尾城を中心とする城郭群、山下の谷筋に広がる城主館跡と家臣団屋敷跡・町屋跡などで構成されており、日本の戦国時代を代表する城館(城下町)遺跡として平成18年(2006)1月に国の史跡に指定された。

　国史跡とは、文化財のうち記念物(貝塚・古墳・都城跡・城跡・旧宅など)その他遺跡を対象に、国により歴史上または学術上価値が高く保護が必要と認定(指定)された文化財である。さて国史跡指定の遺跡については、指定に至る経過に大きく2つの潮流がある。

　(1)開発を前提にした緊急調査によって遺跡が発見され、その内容・重要性が広くマスコミに喧伝され一気に史跡指定に至る場合と、(2)遺跡の確認から始まり、重要性の認識さらにはその価値を広く周知させるなど、一歩一歩の積み上げの結果史跡指定へ至る場合である。(1)の事例の代表が佐賀県吉野ヶ里遺跡や鳥取県青谷寺地遺跡である。勝尾城筑紫氏遺跡は(2)の事例であり、(1)の事例に比べ、史跡指定への道筋はゼロからの出発で、その間、紆余曲折を経る場合が多い。

　勝尾城筑紫氏遺跡の国史跡への契機となったのが、圃場整備事業に伴い昭和63年度に実施した山浦新町遺跡の調査である。本稿では、その後平成18年の国の史跡指定から現在に至るまでの経緯を、時間の経過を縦軸に、実施した事業を横軸に、どのような経過をたどってきたか見ていきたい。なお発掘調査の詳細については次章に譲り、ここでは省略する。

10　第Ⅰ部　筑紫氏と勝尾城の歴史

2　史跡指定への道のり

2-1　昭和63年度

　勝尾城筑紫氏遺跡に初めて発掘の手が加えられた年である。調査は山浦新町集落前面(南)に広がる水田面を対象に実施した。調査の結果、町屋跡と考えられる柱穴群と、後に総構えと呼ばれる長大な堀と土塁を確認した。

　柱穴群は地元で「勝尾城の登城道」と伝承されていた幅2mほどの直線に走る農道の両側に沿ってあり、小口が短く奥行の長い長屋風の建物が並んでいたことが確認された。

　また長大な堀と土塁(石塁)は、この町屋跡のさらに東南に築かれており、勝尾城下の谷と外界とを遮断するように丘陵を横断し走っていた。その規模は、土塁の上幅10m、土塁頂部から堀底までの深さ約5mを測った。

　これら柱穴群(町屋跡)と堀と土塁は連動していたことも確認され、堀と土塁を横断する土橋(城戸)から一直線に町屋跡の「勝尾城の登城道」へ繋がることが判明した。また町屋跡では染付の小皿、土師皿、火縄銃の鉛弾、堀と土塁からは備前の甕などが出土し、これら遺構がいずれも16世紀後半の所産であることが裏付けられた。

　この16世紀後半の時期は勝尾城主筑紫氏の在城時期と一致する。はからずも国史跡となる勝尾城下町の一端が明らかになった瞬間であった。この発見を機に、勝尾城下町がそっくり残っている可能性が予測され、その全容を解明するための調査が必要であることを痛感した。そこでまずは徹底した踏査(地表面観察)を行い、戦国期城館の有無を確認することが肝要と考え、山浦新町遺跡の調査と並行しながら、隣接する葛籠城跡の踏査を開始した。

　踏査の結果、葛籠城跡は主郭を中心に周囲には屋敷地を備え、前面に二重の堀を巡らす長城形式の防塁型城郭であることが判明した。堀の規模は幅5m、深さ2.5m〜3m、長さおよそ700mに及び、谷を横断し山裾まで走っていた。また堀・曲輪・屋敷地ともに城郭全体が極めて良好な状態で残っていることが明らかになった。

　この昭和63年度の調査によって、総構えと考えられる堀と土塁、町屋跡、

史跡指定への道のりと史跡の整備活用（石橋）　11

完好な状態で残る葛籠城跡が確認された意義は大きく、将来の国史跡を予感
させる成果であった。

2-2　平成元年度〜3年度

　平成元年度〜3年度の3か年は、平成4年度に「城山山麓史跡調査整備委
員会」が設置されるまでの助走期間に当たる。この時期、地表面観察によっ
て明らかになった葛籠城跡から順次、遺構の時期の確定、堀の形態と深さ、
屋敷地の性格解明など必要最小限の発掘調査を計画したが、鳥栖市庁内・佐
賀県などの理解が得られず、断念せざるを得なかった。そのため、勝尾城下
町の重要性を喚起し、広く市民への公開を目指した事業に力を注ぐ方向へ方
針転換した。

　まず平成元年度から鳥栖歴史研究会を組織し、年10回の市民講座「鳥栖の
町づくりと歴史文化講座」を開講した。その方法は、座学と鳥栖市内外への
現地研修を交互に行い、さらに講座の成果を報告書にまとめ記録と広報を同
時に進めるスタイルを取った。その結果、勝尾城下町に係る資料の蓄積が図
られ、受講者にとっては、他地域の情報を吸収し相互に比較検討を行う視点
が養われることとなった。この講座は現在も引き継がれ実施されているが、
事業の根幹となる報告書の廃止、鳥栖市外への現地研修の停止が行われたこ
とは残念でならない。

　また平成元年度には、初めて勝尾城下町遺跡に焦点を当てたシンポジウム
「筑紫氏と鳥栖の山城」を開催した。市内外から多くの参加者があり、勝尾
城下町遺跡が国の特別史跡「一乗谷朝倉氏遺跡」にも匹敵するのではないか
という、熱を帯びた議論が交わされた。

　平成2年度には、先に踏査で確認した葛籠城跡の全体測量図を鳥栖市の単
独予算で作成した。これによって城郭の詳細な資料化が行われ、図上でその
全容を把握することが可能となった。将来発掘調査を進める前提が整備され
たと理解している。

　平成3年度には新たに2つの事業を行った。「城山山麓史跡整備基本構想」
の作成と、「佐賀県市町村生活文化の波おこし」事業である。

　「城山山麓史跡整備基本構想」は、この間の踏査によって明らかになって

きた山城群(勝尾城、鬼ヶ城、高取城、葛籠城、若山砦、鏡城)、館跡や屋敷跡などの状況を踏まえ、将来の発掘調査や整備・活用の方向性を示すことが肝要と考え策定した事業である。

「佐賀県市町村生活文化の波おこし」事業は、佐賀県が県下市町村に対し、行政と市民が協同して行う地域資源の再発見と地域活性化へ向けた取り組みを対象に、助成を行った事業である。鳥栖市では勝尾城下町関連事業が採択され、市民団体と共に先進地視察や報告書の作成を行った。将来の勝尾城下町の調査・整備への布石として取り組んだ事業でもある。

2-3　平成4年度～6年度

平成4年度には「城山山麓史跡調査整備委員会」を設置した。この委員会は、勝尾城下町の調査・保存・整備を進めるに当たって、発掘調査、陶磁器、文献史学、植生、環境設計、都市計画等の専門家と地元代表によって構成された機関であり、この設置によって史跡指定へ向けた新たな段階が開始されたと考える。

この委員会によって、これまで踏査によって確認されていた城館跡の検討が進められた。その結果、山城群については極めて良好な状態で残っていること、とりわけ勝尾城跡の石垣や桝型虎口、葛籠城跡の長大な空堀や土塁線などは、全国的にも貴重な事例であることが確認された。一方館跡や屋敷跡については、地割や現況などからその存在は明らかと考えられたが、水田化されているため具体像が見えないという難点が指摘された。このままでは遺跡の全体像の評価ができないため、発掘調査を実施し、遺跡の広がり、残存状況、時期の確定など、遺跡の保存整備のための資料獲得が必要とされた。

また市立図書館開設記念事業として「鳥栖の戦国＝筑紫氏と鳥栖の山城」展を開催した。さらに7月1日から鳥栖市報で「中世山城と筑紫氏」の連載を開始した。連載は平成19年3月1日まで、足かけ15年177回におよんだ。

平成5年度には、①館跡の測量図作成、②勝尾城下町遺跡のガイドマップ作製、③遺跡の案内板の設置を行った。案内板はその後主要箇所に順次継続して設置することとなった。

平成6年度には懸案であった発掘調査を実施する方向で内部調整を行い、

調査計画を立案した。調査は地表面で遺構が直接視認し難い水田面を対象に発掘3か年、整理報告1か年、計4か年計画で実施することとした。

2-4　平成7年度〜10年度

　平成7年度は史跡指定へ向けた発掘調査の初年度で、城下の最も奥に位置する(伝)筑紫氏館跡を中心に、(伝)諸氏の屋敷跡、(伝)善慶寺、(伝)春門屋敷跡一帯を対象に調査を開始した。

　館跡では桝型の虎口、館前面を囲む高さ2mほどの石塁、背面塁段から土塀と柱穴群などが、良好な状態で検出された。諸氏の屋敷跡、善慶寺跡では、明瞭な戦国期の遺構は確認出来なかったが、戦国期の陶磁器片や土師器片が出土した。春門屋敷跡では、地表下30cmほどから石積み列、同じく110cmほどから焼けた生活面が検出された。

　諸般の事情により調査対象地によっては発掘精度にバラツキがあったが、いずれの地点においても戦国期の遺構や遺物が検出され、それらが良好な状態で地中に埋没していることが明らかになった。また伝承されてきた館跡、春門屋敷跡が発掘によって裏付けられた意義は大きかった。

　平成8年度は、城下域の入口付近に当たる葛籠城跡一帯を対象に調査を実施した。調査では葛籠城跡に付随する屋敷地2か所、葛籠城跡からさらに谷奥へ進んだ山裾で新たに1か所の屋敷跡を確認した。このうち葛籠城跡に付随する屋敷地では、葛籠城の土塁線と連結し企画性を持って造られていること、もう1か所では掘立柱建物跡が検出された。山裾付近の屋敷地では、小口面を揃えた平石の石列が確認された。この屋敷地は山手から延びる土塁を軸線とし石塁で囲い込まれ、その下方には現在水田となっている塁段の平場が連続する。これらのことから、この一帯が計画的に造られた屋敷群であったことが推測された。また上記3か所の屋敷地からは、いずれも16世紀代の磁器・土師器等が出土しており、戦国期の屋敷地であることも明らかになった。

　平成9年度は、館跡と葛籠城跡に挟まれた城下域の中央部一帯を調査対象とした。現在は水田となっており、これまで地表面からは遺構の確認が出来なかった地区である。ここでも調査の結果、2地点で屋敷跡が確認された。

屋敷跡は2地点とも極めて良好な状態であり、屋敷間を通る通路、据わったままの柱痕などと共に16世紀後半を中心とする多くの陶磁器が検出された。

平成10年度には、前記3か年の発掘結果を取りまとめた報告書を刊行した。なおこの報告書では単に3か年の調査結果だけではなく、これまでの地表面観察で得た知見、山城群の縄張図などの資料も併せて収録した。

いずれにしても、発掘調査を通じ懸案であった遺構が視認し難い水田面においても、ほぼ全域で戦国期城館関連遺構が良好な状態で残っていることが明らかになった。また国（文化庁）からは調査結果を受け、国史跡として十分な価値がある遺跡であると改めて評価された。そのため、今後は史跡指定を前提に、遺跡の範囲を確定しさらに詳細な城館の情報を収集していくための発掘調査の継続が決定された。

一方この間、ソフト部門では「鳥栖の町づくりと歴史文化講座」において、集中的に「戦国時代の城と城下町」をテーマに講座を実施した。また平成8年度には「勝尾城下町遺跡」の展示会並びに講演会を行った。この平成10年度が、勝尾城下町遺跡の史跡指定へ大きく舵をきる転換点となった年と位置付けられよう。

2-5 平成11年度〜16年度

文化庁の指示を受け、国史跡指定を前提に、さらに詳細な確認調査を実施した時期である。また確認調査と並行し、史跡指定が具体的なタイムテーブルに挙げられたため、史跡指定のための市の全庁的な合意形成と推進体制の確立が課題となった時期である。

そこでまず平成11年度に、庁内の合意形成と連絡調整を図る目的で、勝尾城下町遺跡に係る「庁内連絡会議」を設置した。また平成12年度・13年度の2か年で、史跡指定に係る基本的な方針、保存整備の方向性や指定範囲の確定等について、「勝尾城下町遺跡調査整備委員会」で集中的な審議を行った。平成14年度にはその内容を取りまとめ、「勝尾城下町遺跡保存整備基本計画書」を策定した。この保存整備基本計画書において初めて、史跡指定候補地の範囲と面積（約276万m²）が示され、文化庁からの承認も得て事業が進められた。

この史跡指定候補地の確定を受け、市教育委員会では平成15年度から候補地の地権者調査と指定同意取得業務に着手していった。

追加の遺跡確認調査は平成11年度に館跡を対象に実施した。その結果、現地表下0.3m～1mの面で、焼土、石積み列、柱穴が検出され、同時に16世紀後半の陶磁器類と共に、硯、中国銭、刀装具、漆塗り椀、焼塩壺など、他地点では稀有な遺物が出土した。これら遺物群は明らかに館跡ならではの資料と考えられ、お館と呼ばれるこの地点が館跡であることを確定することができたと考える。

平成12年度は、勝尾城の北麓、いわゆる搦手口方面を対象に調査を実施した。この一帯は館跡、家臣屋敷跡、町屋が広がる大手方面とは異なる谷筋に当たり、2～3地点で14世紀～15世紀前半の陶磁器が僅かに確認された他、16世紀後半の輸入磁器が1点出土したのみであった。その様相は、多くの16世紀後半代の遺構・遺物が確認された大手方面とは明らかに異なる。この勝尾城北麓の谷最奥部は勝尾城下として積極的に利用されず、むしろ木戸などで閉ざされた空間であったと考えられた。

平成13年度は、若山砦跡を中心とした尾根筋とその山麓下の低地を対象に調査を実施した。調査の結果、若山砦は尾根の基部側に堀切を設け、先端方向に2段の曲輪を配する長さ80m、幅10mほどの小規模城郭であることが明らかになった。併せて16世紀後半代の輸入磁器が出土しており、若山砦が伝承通り勝尾城の支城として機能していたことが明らかになった。山麓下の低地では新たに屋敷地が確認された。この屋敷地では焼土面並びに石列・柱穴などと共に、16世紀後半代の白磁・染付などが出土した。この屋敷地の位置は大手方面とは異なる小谷筋に当たる。勝尾城の城下域が大手口以外にも広がっていたことが判明した。

平成14年度には、勝尾城搦手口方面の(伝)城道一帯を対象に調査を実施した。この城道の両側の尾根筋一帯には堀切・塁段・平場が視認されていた空間である。今回の調査を通じ、新たに16世紀後半代の輸入陶磁器類、瓦器・石臼などが出土した。また鍛冶に伴う鞴の羽口が採集されており、この一帯が城域のどのような場所であったか新たな問題が提起されることとなった。

平成15年度には、勝尾城跡と鬼ヶ城跡を調査対象とした。調査の結果、勝

尾城跡では主郭下の横堀、主郭の礎石、主要通路や大手曲輪の石段など、新たな知見が得られた。遺物も多種多様におよび、輸入陶磁器類はもとより、留金具や飾り金具などの金属製品、さらには美濃・瀬戸産の天目茶碗などが出土した。また甕・鉢など生活用品の出土もあり、山上での居城化の可能性を考えさせた。鬼ヶ城跡では石積みの虎口に伴う石段、曲輪を連結する土塁などが再確認された。遺物は青磁・白磁等の輸入磁器、土師皿などであり、輸入磁器には14世紀後半～15世紀中頃のものを含んでいた。これらは伝世品と考えられるが、鬼ヶ城の築城が他の城郭より古くなる可能性も考えられた。なお石積みの虎口、曲輪を連結する土塁構造など16世紀中頃以降に改修され使用された形跡が窺われた。

平成16年度は、山城地区の最終年度として葛籠城跡の補足調査並びに高取城跡と鏡城跡について調査を実施した。調査ではこれまで堀切・竪堀・土塁・曲輪などが視認されていたが、改めて良好な状態であることが追認された。またそれぞれの遺構に伴い16世紀後半を主体とする輸入陶磁器、土師器などが出土しており、これらの城郭が勝尾城の支城として最後まで機能していたことが明らかになった。

この平成11年度～16年度では、ソフト分野の事業として「鳥栖の町づくりと歴史文化講座」、市報での「中世山城と筑紫氏」の連載を継続しながら、別途平成11年度には発掘調査成果展「勝尾城下町遺跡」並びに講演会を開催した。さらに平成16年度には鳥栖市制50周年記念事業の一環として、「戦国勝尾城下町―蘇る戦国の城下町―」の講演会並びにシンポジウムを開催し、市民多数の参加を得た。

2-6　平成17年度～20年度

史跡指定の最終段階であり、指定後の史跡の保存管理、並びに史跡の整備活用の見通しを提示した。まず平成17年度に、これまで平成11年度～16年度に実施した遺跡の詳細確認調査の成果を取りまとめた報告書を刊行した。また先に指定対象地を約276万m²とし平成15年度から指定業務に着手したが、1回で全エリアを指定することは難しいと判断し、遺跡の中枢となる勝尾城跡～若山砦跡、館跡～家臣団屋敷跡、葛籠城跡～新町町屋跡、総構えの空堀

一帯の同意がまとまった段階で一次指定を行う、ということで国と合意した。その後平成17年秋に国の文化審議会の審議を経て、平成18年1月26日に遺跡中枢部約138万m²が「勝尾城筑紫氏遺跡」の名称で国史跡に指定された。

　この国史跡指定を受け平成18年10月29日、西日本新聞社と共催で国史跡指定記念事業として、「九州戦国史―勝尾城下町―」というタイトルで講演会・シンポジウムを福岡市エルガーラホールにおいて開催した。この鳥栖市外での講演会・シンポジウムには、500人以上の聴衆があり大盛況であった。勝尾城下町に関する人々の関心が、最も高まった時期である。一方、国史跡指定を受け平成18年度から2か年計画で、「勝尾城筑紫氏遺跡保存整備委員会」において遺跡の保存管理計画の検討を進め、平成20年度に「史跡勝尾城筑紫氏遺跡保存管理計画書」を策定した。これによって遺跡の将来に渡る保存と管理の方針が定められ、併せて整備活用の方向性が展望された。

　以上、長くなったが昭和63年度の新町町屋跡から平成20年度に及ぶ、遺跡の発見、発掘調査、啓発普及、史跡指定、史跡の保存管理の経緯である。

3　史跡の整備と活用

　ここでは史跡の整備活用について、この間どのように考えられてきたかを見ていきたい。さらに今後どのような整備活用が望ましいかを考える。

　これまで史跡の整備活用について触れた報告書が4本ある。(1)は平成4年3月に提示した「城山山麓史跡整備構想」、(2)は平成15年3月に策定した「勝尾城下町遺跡保存整備基本計画」、(3)は平成20年3月に策定した「史跡勝尾城筑紫氏遺跡保存管理計画」、(4)が平成25年3月に策定された「史跡勝尾城筑紫氏遺跡整備基本計画」である。それぞれ、(1)は勝尾城下町遺跡の将来の整備を展望し事業推進の呼び水として作成したもの、(2)は史跡指定がほぼ確定した段階で将来の遺跡整備と活用の方向性を提示したもの、(3)は史跡指定後の遺跡保存管理を前提に将来の整備活用の方向性を提示したもの、(4)が史跡指定に基づき史跡整備の方向と整備方法を示したものである。

　以下、それぞれの根幹となる考え方を抽出し紹介する。

18　第Ⅰ部　筑紫氏と勝尾城の歴史

3-1　「城山山麓史跡整備構想」

　5本の基本方針が示された。(1)土地利用をコントロールする施策、(2)プロセスミュージアム構想、(3)プログラムサービス・マンサービス、(4)市民参画型の整備計画、(5)周辺地域とも連携する一体的な整備、である。

　(1)では、城山山麓の自然環境を史跡の重要な構成要素の一つとして土地利用をコントロールしながら、併せて中世の自然景観を再生していくことが望ましいとしている。

　(2)では、発掘調査によって浮かびあがってくる城下町の様相とプロセスを最大限表現するために、地元の子供や見学者が発掘や展示まで参加していくという体験型ミュージアム構想を提示している。

　(3)では、史跡の意義を高め多くの人が利用可能なサービスの体系化を図り、中世の体験空間を提供し利用者に対しプログラムの提供とマンサービスにおけるティーチャーや職人の確保を説いている。

　(4)では、城山山麓を鳥栖市民の原郷と位置付け、市民が遺跡の整備活用の推進母体となっていくことが重要であるとし、さらに城山山麓が芸術・芸能・教育・レクリエーション等の場として活用されることを展望している。

　(5)では、城山山麓の整備は、周辺地域(北方のレクリエーションゾーン)の計画も踏まえて総合的な視点から計画することが望ましいとしている。

　以上の方針に基づき、館跡が位置する谷の最奥部を心象風景ゾーン、家臣屋敷がある谷の中ほどを舞台背景ゾーン、最も手前の谷の入口一帯を葛籠城歴史公園ゾーンとして位置付けた。その上で心象風景ゾーンでは中世的原風景の修景を図り、筑紫氏居館の復元、ビスタポイント広場等の設置を提言している。舞台背景ゾーンでは渓流や地形の変化を楽しみ、現代から中世へタイムスリップしていく整備を図り、家臣屋敷群を軸に中世空間体験センター、渓流公園の設置を提言している。葛籠城歴史公園ゾーンでは葛籠城の遺構を中心に開放的な歴史公園として、歴史を体感しながら市民が余暇を楽しめる空間としての整備を提言している。

3-2　「勝尾城下町遺跡保存整備基本計画」

　勝尾城下町遺跡は多様な地形や豊かな自然と共に、山城群、館や家臣屋敷、

町屋、総構えの堀と土塁など良好な状態で残している。

　これらの特徴を活かし、戦国時代の城下町を実体験できるような史跡整備を行い、遺跡全体を生涯学習の場として歴史の体験学習（楽しむ・遊ぶ・想像する）とゆとりの空間としていくことを目指すとしている。またそのために、遺跡の特徴、地形や地域環境を踏まえ、整備のため下記のゾーニングを行っている。

　(1)良好な遺構の在り方を基礎に立体復元、平面表示等の手法を駆使し、積極的に整備活用を図っていくエリア（保存管理A区が該当）。

　(2)保存管理A区に準じ一帯の遺構の保全と環境保全を軸に、保全活用を図っていくエリア（保存管理B区が該当）。

　(3)遺構の現況保全と補修を中心に、景観との調和と必要な修景を行っていくエリア（保存管理C区が該当）。

　さらに以上のエリア設定を基に、積極的に整備活用を図るエリアに該当する館跡や家臣屋敷跡については、その復元整備（立体復元・平面表示）を行うとした。併せて堀と土塁が卓越する葛籠城跡については、その際立った防御性を活かした歴史学習やハイキングの場としての活用を提言している。またこれらの整備に伴いガイダンス施設、景観の保全と修景、動線の整備が必要であることにも言及している。

　同時に事業推進に当たって、(1)一乗谷朝倉氏遺跡、名護屋城跡、九州国立博物館等の研究機関との連携、(2)やまびこ山荘、市民の森等隣接する既存施設との連携した整備、(3)広範な人々の理解と支援が必要であり、遺跡の周知、広報に努める、(4)各種の行事、イベント等を行い、史跡の活用を図っていく、(5)広く観光・レクリエーションの場としても活用を図っていく、という提言が行われた。

3-3 「史跡勝尾城筑紫氏遺跡保存管理計画」

　国史跡指定を受けて、平成20年3月に遺跡の保存管理計画書を策定した。本書は個々の遺構の性格や残存状態さらには自然景観を踏まえ、遺跡の保存管理の基本方針を定めたものである。したがってこの保存管理計画は史跡整備の前提でもあり、当然将来の史跡整備とリンクし整合性を持った計画でな

ければならない。そのため将来の史跡整備と活用についても簡単に触れたものとなっている。

　まず史跡の保存管理計画において、対象地を(1)史跡の本質的価値を構成する要素（山城跡、館跡、家臣団屋敷跡、町屋跡、堀と土塁など戦国期の歴史的価値が認められるもの）と、(2)本質的価値を構成する諸要素以外のもの（保存管理上有効な諸要素と調整が必要な諸要素に細分）に分離した。さらに上記視点を踏まえ、保存管理地区を下記の四つに区分し整備の方向性を示した。

　A地区（史跡の核となる枢要な城館遺構が良好な状態で残っている地区であり、積極的に史跡の保存と整備を図っていく地区）。

　B地区（良好な城館遺構が残るA地区に隣接し、将来城館遺構の存在が明らかになった場合、A地区に編入する余地を残すも、現段階では現状保存にとどめる地区）。

　C地区（遺跡全体の景観保全と史跡中枢の城下域を保護する緩衝地として、現状保存と景観の修景を図っていく地区）。

　D地区（地域住民の生活と生産活動を優先し、史跡と地域社会との共存を図っていく地区）。

　さらにA地区については(a)山城ゾーン、(b)館と館周りゾーン、(c)城下域ゾーンに細分し、立体復元、地表面表示、景観保全等の具体的な整備手法についても言及している。また整備に当たっては、地域の誇りとして学校教育や生涯学習の活用に資すると共に、鳥栖市の歴史文化の拠点、まちづくりや地域活性化の核となるような整備を目指すことが重要であるとしている。

3-4　「史跡勝尾城筑紫氏遺跡整備基本計画」

　史跡指定後、平成25年3月に遺跡の整備基本計画が策定された。それによれば「この史跡を将来にわたって確実に保存するとともに、その価値を広く一般に公開し、活用していくための整備の指針を示す」とされている。また「今後は、勝尾城筑紫氏遺跡の保存整備を進め、史跡を取り巻くさまざまな環境と相互に調整を図りながら、鳥栖市の歴史的文化遺産の中軸として、積極的に活用する方策を具体化していくとともに、人々から親しまれる、より魅力的な史跡にしていく必要がある」としている。

史跡の整備基本計画とは、史跡の歴史的価値や遺構の残存状態を踏まえ、今後の整備の方針、整備地区の選定、整備方法などを策定するものである。併せて整備後のイメージ（整備効果）、年次計画などの提示が要件と考えられる。これら整備地区の選定や整備方法と整備内容が確定されなければ、次の実施計画への移行はあり得ない。それでは「今後の整備の指針を示す」とされた整備基本計画とはどのようなものであろうか。以下整備地区の選定、整備方法と内容を概観し、問題点を指摘したい。

3-4-1　整備地区の選定

　今回整備対象地区を葛籠城跡、館跡、勝尾城跡としている。注目されることは、今回の計画で城下域の家臣団屋敷跡、総構えの堀と土塁などが整備地区から除外されていることである。勝尾城筑紫氏遺跡の特徴・重要性は、城下に家臣団屋敷跡や町屋跡、さらには総構えを有することであり、全体として城館、城下町がそっくり残る戦国期を代表する遺跡として国の史跡指定に至った経緯がある。

　従って家臣団屋敷跡と総構えについては、これまで一貫して積極的に史跡の保存と整備を図っていく地区として捉えられてきた。本来、諸計画はよほど問題がない限り前計画を踏襲し、さらにレベルアップを図るというのが通常のやり方である。今回の整備地区の扱いには、その底流に、明らかに整備対象地区を減らすという意図があったと思われてならない。そのことは遺跡や遺構の認識においても窺われ、本来史跡の整備は遺跡の歴史的価値や遺構の残存状態に基づき計画されるものであるが、むしろ各々の特色を平準化して同列に扱うことにより、整備地区の切り捨てを容易にしたものと考えざるを得ない。

3-4-2　整備方法と内容

　それでは整備地区とされた葛籠城跡、館跡、勝尾城跡の取り扱いについて見ていきたい。まず目に付くのは史跡整備に対する理念や考え方と具体的な施策との乖離落差である。

　整備の基本理念では「史跡の持つ価値を最大限に引き出し、もっとも効果的活用ができるような方法を採用しなければならない。（中略）市民の誇りとなる地域の文化遺産として、学校教育・生涯学習でより広く活用し、鳥栖市

のまちづくりや地域活性化の核の一つとなし得るような整備を行っていくことを基本理念とする」とある。

整備のコンセプトでは「勝尾城筑紫氏遺跡の本質的価値を保全しつつ、その価値を顕在化して、歴史学習や憩いの場、観光資源として活用を図るとともに（中略）まちづくりの核にしていくことが期待されている。（中略）城下町研究の上で重要な遺跡であり（中略）中世のさまざまな情報発信基地としての高い専門性と、大人から子どもまで広い世代に親しみを感じさせる整備との両立が必要」としている。

その理念、コンセプトはこれまでの史跡整備の考え方を踏襲したものであり、兼ねてから遺跡の歴史的価値を前提に、整備活用策として「史跡公園」「渓流公園」等の整備活用が提言されてきた。また整備方法では遺構の立体復元（館跡）、露出展示（家臣団屋敷跡）、景観の修景を主にした現状保存（山城跡）という３段階の方法が提示されてきた。

しかるに今回の整備基本計画では、上記理念、コンセプトを掲げながら、遺構整備の基本方針において「現状でも来訪者が空堀・土塁、石垣などの遺構の状況をある程度は認識することが可能である。このため、伐採、下草刈り等の日常的な管理保全（中略）比較的軽微な内容の整備で充分な効果を上げることが可能（中略）したがって、（中略）現況にあまり手を加えずに（中略）雑木や竹の伐採（中略）散策道や説明版等の現状保存的な整備を行う、保存修景を基本とする」としている。

これによって整備は現状保存と規定し、これまで提起してきた遺構の立体復元、露出展示等の史跡公園を目指した整備活用が否定されている。そこでは整備は、樹木の伐採、毀損遺構の修復保存、説明版の設置等に限定されている。ここで掲げられた整備内容は整備というよりは、遺跡の保存管理の範疇にとどめたものとなっている。整備計画という名のもとに、今後積極的な整備はしないということを宣言した内容といわねばならない。したがって整備のイメージを表現するパースペクティブ（見取図）さえ示されない内容となっている。

また関連して、良好な自然環境の保全、遺構の防災等が整備の重要な要素として語られているが、これらは史跡整備に当たって当然配慮されなければ

ならない施策であるが、あくまでも史跡整備の前提であって、整備の目的ではない。さらに言えば、史跡の保存管理にとどまる内容を整備計画と見せるためか、遺構の「防災整備」という新語まで創出されている。防災と整備は本来性格を異にする概念であり、防災は史跡整備の前提と捉えるべきものであろう。

いずれにしても平成25年度の整備基本計画において、史跡の整備事業は実質的に大きく後退、いやストップされたと感じざるを得ない。遺跡の発見から史跡指定、平成20年度の保存管理計画まで携わってきた当事者として、遺跡の整備活用を願ってこられた地元関係者や市民の皆様には申しわけなく、慙愧の念にたえないところである。

4　おわりに

史跡指定への道のりと史跡の整備活用について、これまでの経緯を中心に見てきた。さて今後の史跡の整備活用についてであるが、紙幅の関係上ここでは省略した。ただ平成20年度までに策定してきた整備計画並びに保存管理計画において、論点は示したつもりである。整備活用の主意を読み取っていただければ幸いである。なお平成20年度刊行の「史跡勝尾城筑紫氏遺跡保存管理計画書」と平成25年度刊行の「史跡勝尾城筑紫氏遺跡整備基本計画書」は、鳥栖市公式ホームページでインターネット上にアップされている。参照されたい。

勝尾城筑紫氏遺跡の国史跡指定の発端は、昭和63年秋～平成元年春に実施した圃場整備事業に伴う山浦新町遺跡の調査である。その間紆余曲折はあったが、平成18年1月に史跡指定が実現した。その後現在までほぼ13年の時が経過した。山浦新町遺跡の調査から数えればほぼ30年を経過したが、遺跡の整備活用については先が見えない状況である。共に発掘調査に携わってきた地元の方々や地権者の皆様、支援いただいた市民の皆様にとって、史跡指定をして良かったという日が一日も早く来ることを願ってやまない。一日も早い、目に見える形での整備と活用を望むものである。

最後になったが、史跡の整備と活用を支える原点は、あくまでも地元、地域社会の人々であると考えている。今後どのような整備が望まれるか、どのような組織運営が適切であるか、そのためにはどんなことをしたらいいのか、再度真剣に知恵と工夫を加えることが望まれる。さらに今一度、真摯に遺跡と向き合い、多くの人々の声を聞くことが大事であると考える。鳥栖市が日本に誇る大きな財産として、勝尾城筑紫氏遺跡が整備活用されることを願い、おわりにしたい。

勝尾城筑紫氏遺跡の主要な遺構と遺物
——筑紫氏館跡と家臣団屋敷跡を中心に——

石 橋 新 次

1 はじめに

　勝尾城筑紫氏遺跡は、佐賀県鳥栖市北西の城山(標高501.3m)山麓に位置する。その主城が勝尾城であり、『北肥戦誌』によれば、応永30年(1423)九州探題渋川義俊が「山浦勝尾城を取構へて居城とせられけり」とある。これが記録に見える勝尾城の初出である。

　その後、肥前東部の鳥栖地方は、渋川氏×少弐氏、少弐氏×大内氏、少弐氏×大友氏の覇権争いの草刈り場となる。これらの争闘の間、少弐氏から大内氏へ帰属した筑紫氏が少弐氏を追い勝尾城に入城する。明応7年(1498)には筑紫満門が佐賀郡代として、肥前一之宮河上社の御殿造営に対し願文を捧上している。この満門～広門までおよそ五代、天正14年(1586)までのほぼ90年間が筑紫氏の勝尾城在城期間である。天正15年、筑紫氏は豊臣秀吉の九州国割りによって、筑後国上妻郡18,000石の領主として移封される。

　この勝尾城筑紫氏遺跡について、鳥栖市教育委員会では国の史跡指定を前提に、平成7年(1995)度～9年度、平成11年度～16年度まで計9か年かけ、重要遺跡詳細確認調査を実施し平成10年度と17年度には、その成果を取りまとめ報告書を刊行した。この間の発掘調査を通じ、遺構が視認できる山城域だけではなく、現在田・畑となっている城下域においても、地表下から館跡、家臣団屋敷跡などの遺構と共に、輸入陶磁器や土師器など多くの遺物が出土した。出土遺物の大半は16世紀後半のもので、館跡、寺社跡、家臣団屋敷跡、町屋跡など、戦国期の城下町がそっくり残っていることが明らかになった。以下、ここではこれまでの調査成果を踏まえ、勝尾城筑紫氏遺跡の概要を紹介したい。

写真1　勝尾城跡に残る石垣（『九州戦国史 勝尾城下町』平成18年より）

2　立地・規模・全体構造

2-1　立地と規模

　勝尾城筑紫氏遺跡は、筑前と肥前を分け東西に走る脊振山系の東端を占める九千部山(847.5m)南麓の城山(501.3m)一帯に位置する。主城となる勝尾城はその城山山頂に立地し、館跡や家臣団屋敷跡などの城下域は、この南麓の東西に延びる狭長な谷に展開する。谷の規模(城下町の領域)は最も外側の「総構え」付近で幅およそ700m、標高70m、最も奥まった「館跡」付近で幅約80m、標高120m、「総構え」からの谷の奥行約1.8kmである(図1)。このような、山上に城郭、山下に館や家臣屋敷等を配置する構造は、規模や内容を異にするが、福井県「一乗谷朝倉氏遺跡」、三重県「多気北畠遺跡」などとも共通する典型的な戦国期城館の事例である。

　さて遺跡の立地は、このような地形的特徴だけに求められるものではない。当該地域の性格や歴史性に関わることも、城下町形成に欠くことのできない条件であろう。ここではその条件として、まず以下の2点を挙げておきたい。

2-2　先行する勝尾城の存在と地理的・歴史的意義

　勝尾城は応永30年(1423)に九州探題渋川義俊が取り構え、その後、明応 8 年(1499)頃に少弐高経が拠った勝尾城を筑紫満門が攻め入城する。15世紀中頃以降、渋川氏→少弐氏→筑紫氏と城主が変転する。このように一貫して肥前東部の要害であったことが窺われる。またその位置は山越えして容易に博多・太宰府方面へ進出が可能であり、筑紫氏の支配領域を通過しなければ、最短で肥後・肥前方面から筑前方面への進出は難しい。すなわち交通の要衝を占めていることが大きなポイントと考えられる。

　その辺りの事を窺う資料に、筑紫家の重臣嶋拾右衛門が発した過書があり、関奉行に対し博多の豪商嶋井氏の領内通行を保証するものとなっている。また筑紫良仙が太宰府天満宮社家の大鳥居氏に宛てた文書があり、その大意は、天満宮領隈村からの社納物については粗略に扱っていない、天満宮の社物であれば説明の必要はなく準備ができ次第送るように、という便宜を図る内容となっている。これらはいずれも領内通行に関わる文書であり、筑紫氏が領内通行・流通を統制していることや、博多・太宰府方面と密接に繋がっていたことを示す資料である。

2-3　勝尾城と先行する寺社

　勝尾城下町の域内に、古代以来の古社、四阿屋神社がある。四阿屋神社は延喜20年(920)の『類聚符宣抄』第 1 巻によれば、朝廷より従五位下という位階と神領 3 町 3 反を授与されたと記されている。その祭祀圏は安良川流域を中心に、牛原・養父・蔵上・宿・藤木等の現鳥栖市街地一帯に及んでいる。すなわち四阿屋神社の祭祀を軸に、人々の地縁的結合が成立していた事が窺われる。

　また天正元年(1573)筑紫広門が城内鎮護のため、四阿屋神社を勧請し勝尾神社を創建したといわれる。さらに年不詳であるが、筑紫広門が龍造寺政家との起請文の神文に東屋(四阿屋)六所権現が記されている。筑紫氏と四阿屋神社の親密な関係が窺われ、筑紫氏は地域の祭祀権を取り込み、その上に乗る形で城下町経営と領域支配を図ったものと思われ、これが城下町の立地にも影響を与えたと考えたい。

28　第Ⅰ部　筑紫氏と勝尾城の歴史

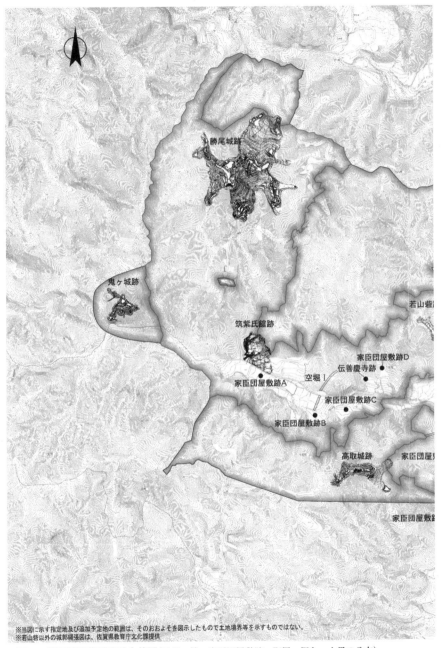

図1　勝尾城筑紫氏遺跡全体図（城郭・館・家臣団屋敷跡・町屋・堀と、土塁の分布）

勝尾城筑紫氏遺跡の主要な遺構と遺物（石橋） 29

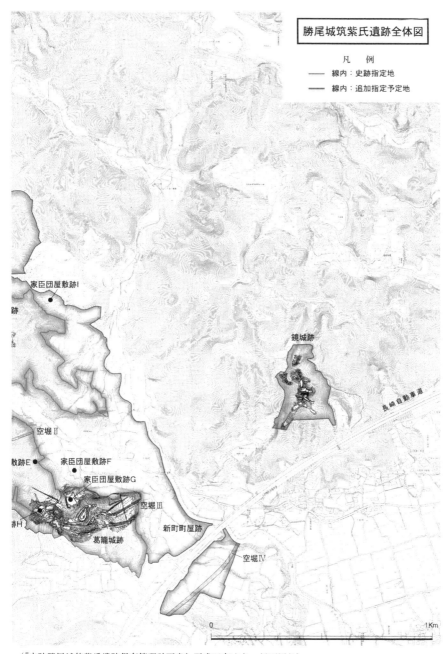

（『史跡勝尾城筑紫氏遺跡保存管理計画書』平成20年より。以下同じ）

2-4 勝尾城筑紫氏遺跡の全体構造

勝尾城筑紫氏遺跡は、城山南麓の東西に延びる狭長な谷を中心に展開する。北方は九千部山塊から城山へ派生する山稜、西南方は雲野尾峠から派生する山稜に閉ざされている。山城はそれら南・北の山稜に配置され、勝尾本城並びに若山砦・東出城は北方の山稜、南方の山稜には高取城・葛籠城が位置する。さらに谷最奥に鬼ヶ城、谷から一歩出た北方山稜に鏡城がある（写真2～5）。つまり山城は谷内部の城下域を防備するため、侵入する外敵を南・北の稜線から挟撃するようにそれぞれ対になり、第一線が鏡城－葛籠城、第二線が若山砦－高取城、搦手に鬼ヶ城、という配置であったことが窺われる。

写真2　若山砦遠景

写真3　高取城遠景

写真4　鬼ヶ城遠景

写真5　鏡城遠景

城下域は長大な4本の堀と土塁によって区切られている。堀と土塁の規模は、最も外側の総構えが幅約10m、深さ5m、葛籠城に伴うものが、幅4m、深さ3mほどである。この堀と土塁によって城下域は1～4の空間に分けられ、最も谷奥の第一空間に館と勝尾神社と屋敷、次の第二空間に寺と屋敷、

第三空間に屋敷、第四空間が町屋となっている。これら4つの空間は、館→家臣団屋敷→町屋という筑紫氏の支配の核心となるものから順に、内側から外側へ展開しており、筑紫氏の支配原理を核とした求心的構造が見て取れる。

　また各空間を繋ぎ城下域を縦貫する道が、総構えの木戸（土橋）から館へ通じている。現在明らかに戦国期と考えられる道（幅2m強）が3か所で確認されている。いずれも直線道である。なおこれらの道は、単に館へ通じる通路としての機能だけではなく、町屋・家臣団屋敷など都市計画の基軸となっていることに留意すべきであろう。

　もちろんこれらの山城・城下域が、ある時期一気に普請されたわけではない。例えばもっとも外側に位置する鏡城の場合、その南麓に「館屋敷」「館の前」という地名が残っており、本来、鏡城－館屋敷が一つの単位であったと考えている。これら先行する城館を道と空堀・土塁によって再編したのが筑紫氏である。筑紫氏は天正6年（日向耳川で大友氏が大敗）以降、大友氏領国の混乱という危機的状況のなかで自らの独立と領域支配の拡大を目指し、町屋まで取り込んだ城館の統一的整備を進めたものと考える。

　以下、本稿では、勝尾城跡については本書所収の岡寺論文を参照していただくこととして、その南麓の筑紫館から町屋までを、前記のような4つの空間に分けて概要を見ていくこととする。

3　城下の主要な遺構と遺物

3-1　第一空間の概要と遺構・遺物

【概要】第一空間は谷の最も奥、勝尾城の南麓に位置する。この第一空間の入口に当たる場所の地名を、地元では「カワラ門」と伝えている。これが「瓦門」なのか「高麗門」の語彙変化なのか定かではないが、この地点から館跡方向へ幅2mほどの直線道が走っている。筑紫家文書に「肥前州基肄郡勝尾山筑紫広門公城跡之図」があり、館の位置や直線道が描かれ、直線道には「此道左右諸氏屋敷跡アリ」と記されている。

　この直線道の最も奥の山裾に、地元で「おたち」と伝えられてきた館跡がある。また直線道の左（南）には現在でも四角地割の水田となっており、往時

の屋敷地割の名残と思われる。注目すべきは、館側（北）が直線道より3mほど高く、南側の屋敷地を見下ろす位置関係になっていることである。さらに館本体の外側には、館から連続する高さ2mほどの石塁（外囲い）が200mほど連続している。この館本体を含む外囲いで囲まれた平場は、館と一体的な性格の空間と捉えられ、この空間が館を中心とする筑紫氏の公用空間であったと考える。

　つまりこの第一空間は筑紫氏の領域支配の中枢であり、館を中心とする公的空間と直属家臣団によって占められていたと考えたい。

【遺構】館本体は外囲いからさらに5mほど高所にあり、その前面は在地系の3段ほどの石積みが施され、下から見上げれば圧倒的な景観を形成している。この館跡の発掘によって、虎口と考えられる石段・礎石、庭園と考えられる縁石の石積み、焼けた地面、建物区画の石列、地鎮の痕跡などが、地表下30cm〜1.3mから検出された。このように館跡が良好な状態で埋没していたことが明らかになった。

【遺物】これら遺構に伴い、輸入陶磁器、国内産陶器、瓦器、土師器など多くの遺物が出土した。なかでも注目される遺物に、焼き塩壺、中国銭（洪武通宝）が館本体の左手側に、漆塗りの椀、硯、小柄、瓦（軒平瓦・軒丸瓦・平瓦・丸瓦・菊丸瓦・袖瓦・鬼瓦片）などが右手側から出土している。中央部からは礎石の他、遺物の出土は極めて少なかった。これらの遺物出土状態から、館内は中央に主殿、左手に台所（ケの空間）、右手に庭園を臨む瓦葺きの会所（ハレの空間）という構造であったと推測された。

　また上記した遺物類は、いずれも他地点の屋敷跡からの出土は極めて少なく、突出した勝尾城主筑紫氏の居館という性格を物語る遺物と考える。なお遺物の時期は16世紀後半を主体としており、筑紫氏の在城時期と一致することも明らかになった。

3-2　第二空間の概要と遺構・遺物

【概要】空堀Ⅰと空堀Ⅱに挟まれた第一空間の東（手前）に広がる一帯で、これまで戦国期の遺称地「善慶寺」「ハルカド」の存在が知られていた。発掘調査の結果、「善慶寺」は明らかにできなかった。一方、四阿屋川南岸に、

勝尾城筑紫氏遺跡の主要な遺構と遺物(石橋) 33

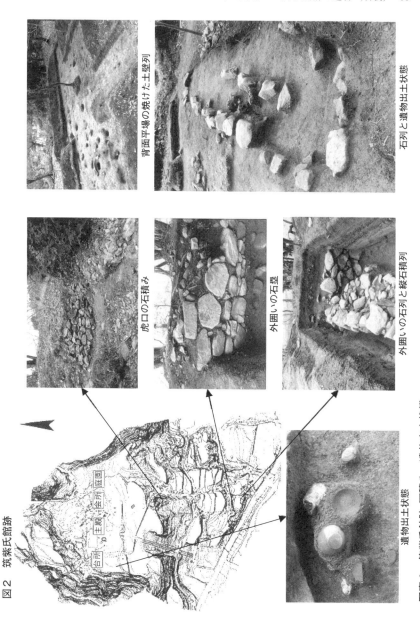

図2 筑紫氏館跡

写真6 筑紫氏館跡 石積み・遺物出土状態

ハルカドと伝承されてきた筑紫広門の弟春門の屋敷跡(B)が確認され、さらに新たに春門屋敷に隣接する屋敷跡(C)、四阿屋川北岸に屋敷跡(D)が発見された(写真7)。この第二空間は、中央を西流する四阿屋川の段丘崖によって二分され高低差もあり、南岸と北岸に位置する屋敷跡B・Cと屋敷跡Dは一体性を欠く。それぞれ春門屋敷は高取城の居館、屋敷跡Dは若山砦に付随する屋敷地であった可能性も考えられる。

家臣団屋敷跡C

家臣団屋敷跡C

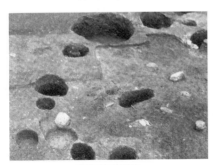
家臣団屋敷跡C

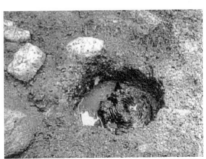
家臣団屋敷跡D

写真7　家臣団屋敷跡　石列・柱穴

　そうであればこの第二空間は第一空間と異なり、筑紫氏当主の論理による一元的空間ではなく、高取城と若山砦に帰属する2つの支配原理に基づく集合空間であったことも留意しておく必要があろう。いずれにしても屋敷地が凝集する空間であり、ハルカドの地名から押して、一族と重臣に統属された人々の居住空間であったとも考えられる。

【遺構】春門屋敷(B)では現地表下80cmほどから、焼土面並びに高さ40cm

ほどの石列が確認された。この春門屋敷はおよそ2,000m²の規模で、その内部は石列で細分された区画があったことが明らかになった。屋敷跡（C）では屋敷区画と考えられる石列、屋敷間の通路、柱穴などが検出された。遺存状態は良好で、柱穴に柱が坐った状態で残っていたものが認められた。またこの一帯は現在でも四角区割りになっており、方形を呈する屋敷跡の名残と考えられた。屋敷跡（D）は階段状の平場で、一番上段にもっとも広い屋敷地がある。この屋敷地でも柱穴に柱が坐った状態で検出された。このD地点でも新たに屋敷跡が良好な状態で残っていることが明らかになったと言えよう。

【遺物】屋敷跡Bでは土師皿片と輸入磁器が出土した。輸入磁器のうち1点は、15世紀後半の白磁皿であり、恐らく伝世品であろう。屋敷跡C・Dでは多くの土師器・輸入陶磁器等が出土した。輸入陶磁器の大半は明の染付であるが、染付の小杯、タイ産と考えられる壺片などの遺物が注目された。これら遺物の時期は大半が16世紀後半のものであり、屋敷跡（B～D）が筑紫氏の在城時期と一致することが確認された。

3-3 第三空間の概要と遺構・遺物

【概要】　第二空間の東に広がる葛籠城（図3、写真8・9）までの空間で、城下の谷入口に当たる。この空間には屋敷跡E～Hの4か所の屋敷地が含まれる。このうち屋敷跡G・Hは、もともと葛籠城に付随するもので、屋敷跡E・Fとは性格を異にする。またこの空間で注目されることは、古代以来の古社「四阿屋神社」が含まれていることである。この第三空間には、南・北に二分して東－西に走る高さ約5mの段丘崖がある。この段丘崖を境に北側に「四阿屋神社」、南側に葛籠城並びに屋敷跡G・Hが位置する。段丘崖は南側が高く、この南側の段丘縁に沿って北側を見下ろすように土塁が走っており、この土塁線を境に、北側が四阿屋神社、南側が武家という領域区分のあったことが窺われる。このように、四阿屋神社に伴う宗教的空間と武家の空間が共存するのがこの空間の特徴であり、先行する宗教的空間を勝尾城主筑紫氏が主導し、最終的に城下域に再編統合したのが、第三空間であると考えたい。

【遺構】屋敷跡E・Fは城下域に新たに設定された屋敷地である。このうち

36 第Ⅰ部 筑紫氏と勝尾城の歴史

葛籠城跡の堀と土塁

堀の埋没状態

葛籠城跡の石積み

写真9 葛籠城跡 堀・石積み

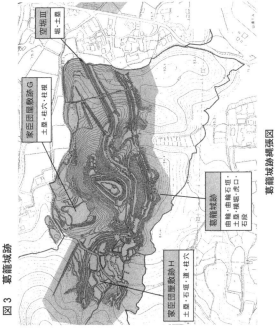

空堀Ⅲ
堀・土塁

家臣団屋敷跡G
土塁・柱穴・柱根

葛籠城跡
曲輪・曲輪石垣・
土塁・横堀・虎口・
石段

家臣団屋敷跡H
土塁・石垣・道・柱穴

図3 葛籠城跡 葛籠城跡縄張展開図

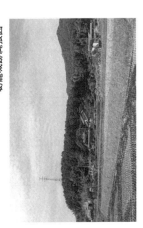

写真8 葛籠城跡（集落後方）

屋敷跡Fは前後が直角に折れる長さ約130m、幅約2mの直線道を基軸に、その両脇に設置された四角区割りの屋敷跡である。現在も残る地割りから復元すれば、一辺が32m前後の屋敷が片側7軒、計14軒ほど存在していたと推測された。また直線道は段丘縁の土塁とほぼ並行に走っており、この屋敷地Fが厳重な防御ラインによって守られていたことが判る。

屋敷跡Eは屋敷跡Fに直交する塁段の平場である。その位置は直線道に交差するように、南側山麓から延びた土塁線の内側一帯に当たる。この塁段の最上段には幅約1.7m、現存高1.1mの土塁(虎口のある北東側は石塁)を巡らせた屋敷跡が現存している。発掘の結果、この屋敷跡からは小口を揃えた建物区画と考えられる石列が埋没していた。

屋敷跡Gは葛籠城主郭の背面窪地に位置する遺構である。軟弱な窪地は整地されており、その整地面から柱穴が確認されている。柱穴には柱根がそのまま残っていたものもあった。屋敷跡Hは葛籠城を守る内・外二重の横堀間に位置する屋敷地で、石垣を備えた塁段の平場を形成している。発掘で焼土とともに土間状の硬化面が検出された。またこの屋敷地の基部は横堀に接しほぼ直角に派生しており、長大な横堀と一体的に造られた屋敷地であると判断された。

【遺物】屋敷地Eからは土師器・瓦器が少量出土した。しかしいずれも小片で、時期を確定するまでには至らなかった。屋敷地Fでも同様に土師器・瓦器が出土した。遺構の時期は輸入陶磁器を欠くため確定はできないが、直線道との位置関係などからおおよそ中世の範疇で捉えられるものと考えたい。屋敷跡Gでは、柱穴を伴う焼土面から土師器の土鍋片が出土している。土鍋は口縁の特徴から16世紀中頃～後半のものと考えられ、屋敷が葛籠城と一連の遺構であることが裏付けられた。屋敷跡Hからは土間状の硬化面から、16世紀中頃の輸入陶磁器(染付)が出土した。葛籠城の長大な堀と土塁から派生するこの屋敷跡Hが、出土遺物からも葛籠城に伴う屋敷地であることが証明されたと考える。

3-4　第四空間の概要と遺構・遺物

【概要】第四空間は、城下域の谷から一歩出たところに位置する。最も外側

の総構えの空堀・土塁と葛籠城に挟まれた城下の入口に当たる空間である（写真10）。葛籠城から延びる丘陵であり、四阿屋川（安良川）に沿った北側は高さ5mほどの段丘崖となっている。総構えの空堀と土塁は、この段丘を遮断し南・北におよそ400m走っている。また総構えの空堀と土塁には土橋があり、土橋からほぼ直線に幅2.2mほどの道が葛籠城方向へ走っている。この道は地元で「勝尾城の登城道」と呼ばれており、発掘の結果、この登城道の両側から町屋を示す柱穴群が確認された。この登城道は勝尾城に真っ直ぐに延びており、現在、城主権力の下に商業空間を掌握した「縦町型の町屋」の典型例として評価されている。また総構えの空堀と土塁を境に字名が異なり、内側が「シンマチ」、外側が「カマノホカ」と呼ばれている。鳥栖地方ではホカは外を意味し、「カマノホカ」は「構えの外」、シンマチは「新町」であろう。このように第四空間は勝尾城下の最も外側の空間であり、空間内部に町屋を取り込んでいることが大きな特徴といえよう。

写真10　総構え、新町町屋跡付近の航空写真

【遺構】城下全体の関門となるのが、総構えの空堀と土塁である（写真11）。その規模は幅約10m、深さ5mで、葛籠城から前面（東）へ続く丘陵を遮断し、およそ400mに渡って延びている。現在その一部が往時の姿をとどめ残って

堀と土塁の発掘状態

総構え 堀と土塁(1) 手前に現存する堀と土塁。先に堀と土塁の地割が一直線に残っている。

総構え 堀と土塁(2) 土塁は消滅

写真11 総構えの堀と土塁

いるが、注目されることは、土塁部分の表面が石積みで覆われていることである。石積みは幅50cm、厚さ20cm～30cmほどの横長の石を平積みする技術であり、織豊系の穴太積みとは異なる在地系の石積みである。ともあれ勝尾城下の入口におよそ400mに渡って土塁(石塁)が延びる景観は壮観であったと思われる。

この土塁(石塁)の土橋(木戸)から延びるのが、(伝)勝尾城の登城道である。発掘調査の結果、この登城道の両側から間口を揃えた柱穴群が検出された。柱穴の並びから間口4m、奥行き12mほどの短冊形の建物が並んでいたと考えられ、約170mほど続く登城道の両側に、片側40軒、両側で80軒ほどの町屋があったことが推測された(図4、写真12)。ただ井戸や側溝を欠いており、しかも一戸の建物が小さいことが注意される。今後町屋の性格が問題となろう。いずれにしても、現在の地名「新町」の原形に連なる町屋跡であると考えられた。

写真12　新町町屋跡発掘状況

【遺物】総構えの空堀と土塁から備前焼の甕片が、新町町屋跡から土師器の皿、16世紀後半代の染付の皿などが出土している。いずれも少量であるが、総構えの空堀と土塁はもとより、町屋跡が勝尾城の存続時期と一致すること

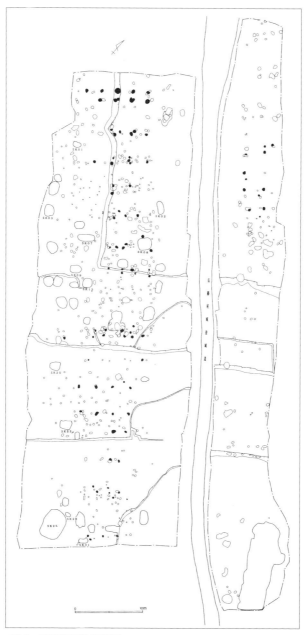

図4　新町町屋跡実測図

が確定された意義は大きい。同時期の町屋跡には鳥栖市街地に京町遺跡がある。ここでは福建省及び美濃瀬戸産の天目茶碗、龍泉窯産の青磁浮遊環瓶など、茶や生花に係わる道具類や、良質の瓦質湯釜、火舎などが出土している。このように京町遺跡の背景には富裕層の存在が考えられ、新町町屋跡とは遺物の質を異にしている。また新町遺跡では、圃場整備の工事中に径30cmほどの鉄滓が採集されている。これらの事や総構えとの関係などから、新町遺跡は16世紀後半の一時期に限定される筑紫氏に直属する職能集団の町場であった可能性が考えられ、勝尾城の終焉と共に町場は廃絶されたと思われる。

4　おわりに

　勝尾城筑紫氏遺跡の空間構成や遺構・遺物について概観した。できるだけ多くの情報を提示したいという考えから、網羅的な内容になり平板な記述となった。勝尾城筑紫氏遺跡のもっとも大きな特徴は、戦国末期という定点に限定された山城・館・家臣屋敷・町屋がセットとして残っていることである。また今回あまり触れられなかったが、石積みの多用、瓦の使用、長大な堀と土塁、明確な虎口など、九州では突出した技術を誇る城館であることも見逃せないところである。このように勝尾城筑紫氏遺跡は戦国期城館を代表する重要な遺跡であり、城下町研究においても多岐の情報を提起する遺跡であることを指摘しておきたい。

　なお本稿では、勝尾城主筑紫氏については本書所収の堀本論文、山城については岡寺論文を参照していただくこととして、ここでは触れなかった。また本書刊行は勝尾城筑紫氏遺跡保存整備委員会の市村高男先生の発案、推進によるもので、先生の率先によって初めて成し得たものと考えている。勝尾城筑紫氏遺跡にとっては初めて一冊にまとめられた書籍である。この書を通じ、改めて広く遺跡の重要性が認識されることを期待すると共に、さらに遺跡の適切な整備活用が進められることを切に願って、おわりとしたい。

引用・参考文献

『北肥戦誌』　青潮社　1995年

『歴代鎮西要略』　文献出版　1976年

『類聚符宣抄』　第一巻　ここでは旧『鳥栖市史』民俗編の記述を参考にした。

『筑紫家文書』　佐賀県史料集成　第28巻

『嶋鎮述過書』　嶋井家文書

『上井覚兼日記』　大日本古記録

『大宰府・太宰府天満宮史料』巻14・15

『筑紫満門願文』　河上神社文書　佐賀県史料集成　第1巻

『豊前覚書』　文献出版　1980年

『龍造寺家文書』　佐賀県史料集成　第3巻

　以上が主な基本文献である。なお直接的には『戦国勝尾城下町』(鳥栖市市制50周年記念事業、2004年)、『九州戦国史・勝尾城下町』(鳥栖市勝尾城筑紫氏遺跡国史跡指定記念、2006年)、「文化財レポート：佐賀県鳥栖市勝尾城下町の構造と実態」(『日本歴史』673号、2004年)を参考にした。いずれも筆者執筆による。

　写真・図版については鳥栖市の『九州戦国史・勝尾城下町』に所収のものを引用し、筆者が加工したものを使用した。謝意を表するとともに、内容に関わる責任は筆者にあることを明記するものである。

勝尾城筑紫氏遺跡の山城の平面構造

岡寺　良

1　はじめに

　勝尾城筑紫氏遺跡には、居館・総構えに加え、城山山頂の本城勝尾城をはじめ、鬼ヶ城・高取城・若山砦・葛籠城など、多くの山城によって構成されている。ここでは、それらの城郭の平面構造(縄張り構造)を紹介し、それらの特徴について、周辺の山城との比較を行うことで評価することとしたい。

2　城郭郡の平面構造(縄張り)

2-1　勝尾城(図1)

　筑紫氏遺跡がある河内川渓谷の最奥部にあたる筑紫氏館の北、標高501mの城山山頂に位置する。約300m四方以上の規模を誇り、肥前国三根・養父・基山の旧3郡の中で最も大規模な戦国期城郭である。頂上には、45m×25mの主郭を置き、その周囲には、石垣を伴った土塁が巡っている。その周囲には曲輪がとりつき、南側には物見岩と称する岩塊があって、実際に現在も非常に眺望が効く地点である。

　主郭からは東・南西・北西側に尾根が伸びているが、特に遺構が見られるのは東側の尾根上である。主郭の約50mの東には、幅20mもの規模を有する大堀切が50m以上にもわたって構築されており、主郭に対する東側からの防御の手厚さが感じられる。また、その堀切の北側には高さ5mにも及ぶ石垣が2段に分かれて積まれている。この石垣は隣接する堀切を埋めるように構築されており、当初は堀切によって分断されていたものを、石垣を構築して改修し、主郭と下位の曲輪とを連結しようとした動きがあったことが想定される。大堀切の東側にはさらに曲輪群が並列し、その北側から東側にかけて

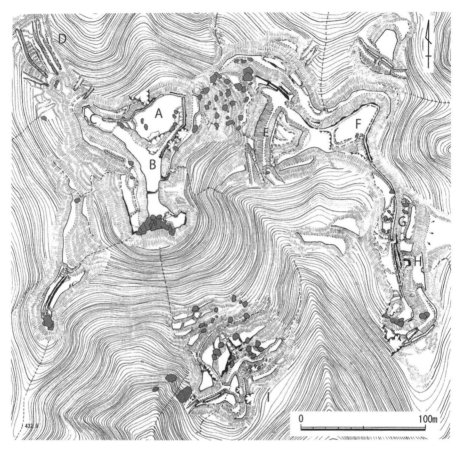

図1　勝尾城縄張り図(佐賀県教育委員会2013・宮武正登氏作成)

は石垣あるいは横堀を伴う土塁線が巡っており、その長さは300m近くにも及び、その南端は横堀から伸びてきた堀切で収束している。

　一方、主郭から南斜面を下り、約200m地点には小曲輪群があり、石垣を伴った平入りの虎口が構築されている。ここが勝尾城における「大手」である。

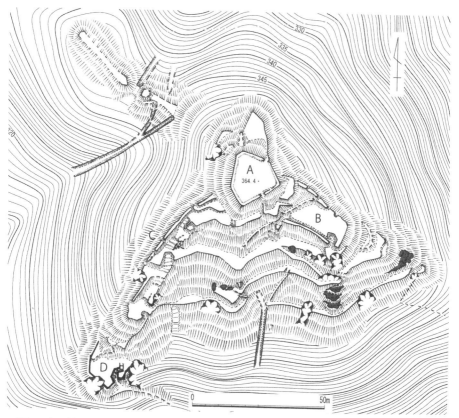

図2　鬼ヶ城縄張り図(佐賀県教育委員会2013・宮武正登氏作成)

2-2　鬼ヶ城(図2)

河内川渓谷の最奥部「倉谷」の奥、標高364m地点に位置する。頂部に一辺約20mの主郭を置き、南東側から南西側を中心に曲輪群が階段状に展開し、要所に土塁が構築されて曲輪間の連絡に使用されている。注目すべきは南西端の曲輪で、石垣が巡っていて、塁線の屈曲により折れて導入する虎口が構築されている。

2-3　高取城(図3)

勝尾城の南東、葛籠城の背後にある標高290mの高取山山頂に位置する。

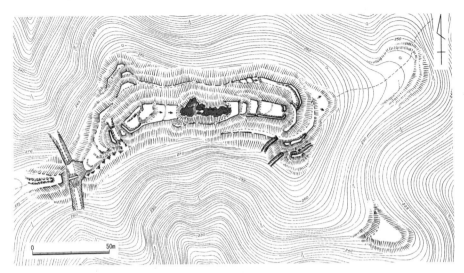

図3　高取城縄張り図(佐賀県教育委員会 2013・宮武正登氏作成)

　頂部は岩塊で、その東西両側に曲輪群が階段状に展開する。東西両端の曲輪は、土塁で囲まれて防御され、東端の曲輪は土塁が途切れる形状の平入り虎口を形成している。西〜南東側の尾根上には堀切が掘られ、城域を画しているが、西端の堀切のさらに西側尾根上には、高さ約2m、幅3〜4mの土塁状遺構が断続的に300mにわたって延びており、試掘調査によって土塁であることが確認されている。勝尾城周辺にも類似する遺構が推測されており、山城間の連携を意識した防塁ラインが要所に構築されていた可能性を匂わせる。

2-4　若山砦(図4)

　谷山城ともいう。勝尾城の南東側、約700〜800m地点に位置する。標高258mから南東側に緩やかに下る尾根上に、曲輪を約4面階段状に並べ、その北西側を堀切によって大きく掘り切っている。曲輪群の南端には、自然石を並べたような石列が確認され、曲輪端部を固めている。全長100mにも満たないやや小型の城郭である。

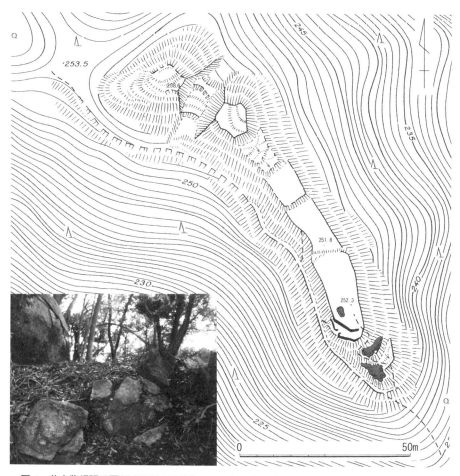

図4 若山砦縄張り図(佐賀県教育委員会2013・宮武正登氏作成)

2-5 勝尾城東出城(図5)

既知の城郭ではなく、佐賀県教育委員会の中近世城郭緊急分布調査において発見・報告された城郭遺構である。勝尾城の東側、約700~800mの標高316mの頂部に位置する。山頂部は一部破壊を受けているものの、小曲輪群・小堀切などが確認でき、城郭遺構であることがわかる。頂部から東へ約50m離れた地点においても堀切1本と若干の曲輪群が確認される。城下の背後にあたる勝尾城東尾根筋を扼する機能を有したものと考えられる。

50　第Ⅰ部　筑紫氏と勝尾城の歴史

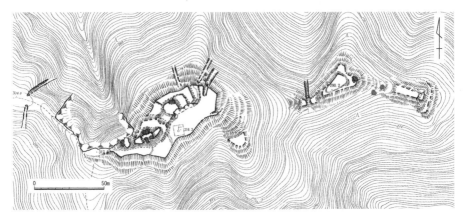

図5　勝尾城東出城縄張り図（佐賀県教育委員会 2013・宮武正登氏作成）

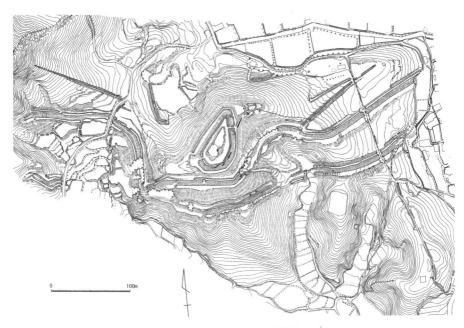

図6　葛籠城縄張り図（佐賀県教育委員会 2013・宮武正登氏作成）

写真1　葛籠城横堀

2-6　葛籠城(図6)

河内川渓谷の入口右岸の丘陵上にあたる標高126m地点を中心に城域が展開する。頂部には長軸約50mの卵形の主郭が置かれ、周囲に1本の横堀を巡らせる。曲輪として明確なのはこれだけであるが、主郭の南側に東西方向に500m前後にも及ぶ長大な横堀ラインが最大で4本構築されていることが特徴的である(写真1)。横堀の大きいものは幅10m、深さが5mにもなる大規模なもので、主郭のみを守るのではなく、谷に入る敵勢を完全に食い止めようという意図が如実に表れていることがわかる。

2-7　鏡城(図7)

河内川渓谷の入口、左岸の標高191m地点に位置する。頂部の主郭は平坦面があまり明瞭ではないが、東側には、土塁で囲まれ、平坦面が明瞭な曲輪2面が展開している。さらに南西側斜面には、堀切と相まって畝状空堀群が構築されている。また、北側尾根上には、後世の破壊によって不明瞭となっているが、連続する堀切が5～6本構築され、北側からの防御にも備えている。この鏡城は、南麓に「タチヤシキ」の地名があり、中世居館の存在が推測されており、もともと、その居館の背後の詰め城であったものが、やがて勝尾城の城郭群に組み込まれていった可能性も考えられよう。

52　第Ⅰ部　筑紫氏と勝尾城の歴史

図7　鏡城縄張り図(佐賀県教育委員会2013・宮武正登氏作成)

3 城郭遺構の特徴

前節では勝尾城をはじめとする勝尾城筑紫氏遺跡の山城遺構をみた。それぞれ多種多様な縄張りを呈してはいるが、共通点や相違点などから、これらの城郭遺構の特徴を見てみると、①石垣の多用、②長大かつ多重土塁・横堀ラインの活用、③畝状空堀群の存在、の３点を挙げることができよう。以下では、これらの特徴について他地域との比較を交えながら検討したい。

3-1 石垣の多用

勝尾城をはじめとする葛籠城・鬼ヶ城・若山砦、さらには筑紫氏館では、曲輪縁辺部に石垣を使用する事例が確認できる。勝尾城や筑紫氏館では、高さ３m前後にも及ぶものもあるが、自然石を積み上げ、高さ２mを越えるとその技術的な限界からセットバックして複数段として積み上げる方法などは、後の織豊系城郭の石垣技術に比べて稚拙といわざるを得ない。しかし、全国的にみると、いわゆる安土城以前の戦国期の城郭において石垣が使用される地域は、必ずしも一般的であるとは言えない。主な地域としては信濃（松本地域）、美濃、近江、摂津・河内、西播磨～東備前、そして北部九州である。

北部九州地域での石垣使用の戦国期城館の主な事例を見ると、豊前（長岩城・雁股城）、筑前（花尾城・古賀城・蔦岳城・立花山城・鷲ヶ岳城・一ノ岳城・安楽平城・高祖城・二丈岳城・有智山城）、肥前（勝尾城・三瀬城・木山城・須古城・箕坪城）、筑後（小田城・妙見城）・肥後（坂本城）などがあり、福岡平野から玄界灘沿岸部の拠点城郭に多く分布しており、勝尾城もやや南ではあるが、この分布圏の一角を占めていることがわかる。

勝尾城他の石垣を構築した主体は筑紫氏で間違いないであろうが、鳥栖以外にも筑紫氏が構築した石垣の事例が存在する。それが福岡県那珂川市の一ノ岳城である。一ノ岳は福岡平野の南端、那珂川の上流に聳える山城で、筑紫氏の筑前方面の拠点となった城郭である。城には、要所に石垣が構築されている（写真２）。特に主郭東側の鞍部に構築された石垣は、大型石材を用いて隅部を持つ構造であり、一見、織豊期以降のものにも見えるが、隅部をセ

写真2　一ノ岳城石垣

ットバックして構築しており、戦国期の筑紫氏による構築とみてよいだろう。

このように勝尾城以外にも、筑紫氏は石垣を積極的に使用して城を築いていたことがわかる。

3-2　長大かつ多重土塁・横堀ラインの活用

勝尾城や、葛籠城の縄張りには、土塁・横堀を用いて長大かつ多重の防衛ラインを構築するものが見受けられた。特に葛籠城の場合、葛籠城の主郭のみを守るというものではなく、平地部の総構えとも連携して、谷全体を遮断して、敵勢が侵入するのを防ぐ役割を果たしていたことが容易に推測できる。このように過剰ともいえる防御遺構は、北部九州全域の城郭を見ても、類例を見つけることは困難である。かと言って、突然変異のように現れた異質なものではなく、このような遺構を生み出してきたような素地を、周辺の他の城郭に見ることができる。

例えば、みやき町の少弐山城には、尾根全体を完全に断ち切るような全長200m近くにも及ぶ堀切が4本連続して構築されている。また、主郭を何重

勝尾城筑紫氏遺跡の山城の平面構造（岡寺） 55

図8　福岡県みやま市小田城縄張り図(福岡県教育委員会 2017・岡寺作成)

にも囲い込むという発想で言えば、福岡県みやま市の小田城は、曲輪2面を最大6重もの横堀で囲い込んでいて、所々に石垣を伴う土塁が構築されている（図8）。北部九州においては、比高の低い丘城はともかく、いわゆる山城では横堀はあまり構築されないものの、わずかではあるが、長大かつ多重土塁・横堀ラインを用いた葛籠城の縄張りに続く素地があったことがわかるだろう。

　ちなみに、鳥栖以外の筑紫氏関連の城で、横堀を用いている山城としては、坊中山城（木山城（基山町））、高尾山城（太宰府市）などが想定され、筑紫氏が横堀を積極的に用いていたことが推察される。

3-3　畝状空堀群の存在

　鏡城では、畝状空堀群が確認される。畝状空堀群もまた、北部九州以外の日本各地に分布する戦国期城郭の防御遺構の一つであるが、その分布は必ずしも一様ではない。越後・飛騨・土佐・安芸に加え、北部九州も集中する地域として挙げることができる。中でも北部九州の事例は、一つの城に竪堀が50本以上も構築されるものがあり、長野城（北九州市小倉南区）のように、竪堀本数が200本を越える全国一の畝状空堀群を誇る城郭も存在し、それに次ぐような規模、竪堀本数が100本に到達するような事例も、益富城・古処山城・蔦岳城・馬ヶ岳城・荒平城など、複数あって、豊前西部から筑前、筑後北部に集中的に分布していることがわかる（図9・分布域α）。これらの城は国人領主の秋月氏の本拠あるいは境目領域の城、さらには秋月氏と同盟勢力の居城、秋月氏と直接敵対した勢力の居城に多く分布しており、秋月氏の築城の志向性に大きく影響を受けているものと考えられる。

　だが、畝状空堀群の構築については、膨大な数の竪堀本数の畝状空堀群であることを除けば、秋月氏関連の城郭に限らず、北部九州一円に広がっており、これらの地域における共通の防御遺構の一つであるとみることができよう。鏡城の他にも、筑紫氏が関与して構築したとみられる畝状空堀群を持つ城としては、朝日山城（鳥栖市）や一ノ岳城（那珂川市）（図10）があり（ただし、一ノ岳城の畝状空堀群は天正14年（1586）に秋月氏が攻略した際に構築された可能性もある）、筑紫氏もまた畝状空堀群を防御遺構の一つとして認識はし

勝尾城筑紫氏遺跡の山城の平面構造（岡寺） 57

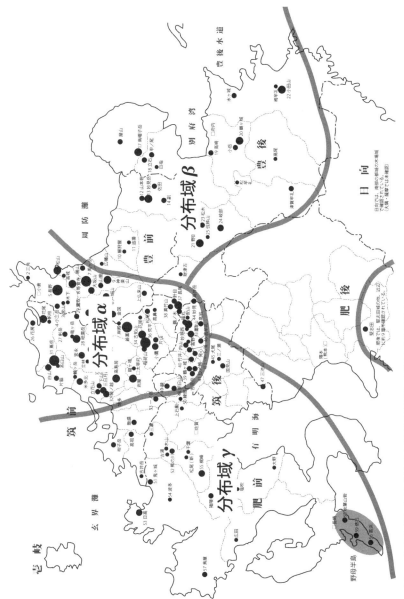

図 9　北部九州における畝状空堀群を構築した城郭分布図（岡寺 2018）

58 第Ⅰ部 筑紫氏と勝尾城の歴史

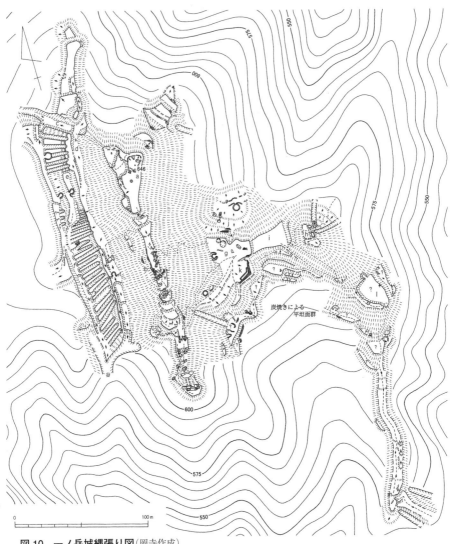

図10 一ノ岳城縄張り図(岡寺作成)

ていたものの、積極的には活用しなかったということが言えるのではなかろうか。

4　おわりに

勝尾城をはじめとする勝尾城筑紫氏遺跡に所在する山城の平面構造を紹介し、その特徴を他地域の事例を出しつつ比較検討を行った。これらの山城の一番の特徴は、長大かつ多重な土塁・横堀ラインの構築であり、石垣の多用ではないだろうか。今後はさらに検討を加えたうえで、当遺跡の城郭遺跡としての価値をさらに追究していきたい。

参考文献

岡寺　良　2018「九州における中世城郭に構築された畝状空堀群」『待兼山考古学論集Ⅲ─大阪大学考古学研究室30周年記念論集─』大阪大学考古学研究室

佐賀県教育委員会　2013『佐賀県の中近世城館』第２集　各説編１（三養基・神埼・佐賀地区）

福岡県教育委員会　2017『福岡県の中近世城館跡』Ⅳ筑後地域・総括編

勝尾城主筑紫氏の政治的地位

堀 本 一 繁

1 はじめに

　旧来の九州における戦国時代像といえば、大友・島津・龍造寺3氏による三つ巴の様相が人口に膾炙している。しかし、この三氏鼎立史観には九州の戦国時代を考える上で重要な問題をはらんでいる。そもそも龍造寺氏が大友氏の支配を克服し、大友・島津両氏に伍するほどに勢力を拡大するのは戦国最末期のわずか10年にも満たない期間であった〔堀本1998〕。このこと以上に、三氏鼎立史観がもたらすより本質的な問題点は、次の3点が挙げられよう。

　第1に、鎌倉期以来、九州政治史の展開のなかで主要な役割を担ってきた大宰少弐武藤氏(以下、通称の「少弐」を用いる)が全く欠落することである。

　第2に、周防国山口を本拠としながら、室町期以降、豊前・筑前両国を分国に加え、九州各地に影響を及ぼした大内氏が少弐氏と同じく欠落してしまう。九州探題渋川氏の後退後、大内氏は九州に進出して少弐氏と対立した。

　第3に、前項とも絡み、大友・大内両氏の政治的地位を正当に位置づけることができない。中世後期の政治体制は長らく大友・大内両氏を政治的結集核とする二元的対立をもって推移した。

　以上の問題点は、本稿が主題とする筑紫氏の政治的地位を考える上においても密接な関わりを持つ。三氏鼎立史観では筑紫氏の台頭を説明することができないのである。

　筑紫氏は一般的に少弐氏の一門と理解されているが、これは江戸時代における表向きの見解であり、実のところはよくわからない。筑紫氏は「筑紫家資料」応永7年(1400)3月11日付筑紫次郎宛少弐貞頼知行充行状写を史料上の初見として、少弐氏の有力家臣として室町初期に登場し、少弐氏の本拠太宰府に近い筑前国御笠郡筑紫村(福岡県筑紫野市)を名字の地とした。また、

筑紫氏の嫡流家は、少弐貞経(妙恵)の息資経(宗祥)に始まる庶流白幡武藤氏の文書写15通を相伝した。これらのことから考えると、筑紫氏は少弐氏に直接連なる庶流というよりは、姻戚関係を通して少弐氏の有力家臣となった家とみられる〔堀本1997〕。筑紫氏は、天正15年(1587)、豊臣秀吉の九州国分により、筑後国上妻郡に移封され豊臣大名となるが、戦国期においては少弐・大内・大友氏の政治的・軍事的指揮下にあった。

　本稿では、勝尾城の歴史的性格を考える前提として、九州や肥前国における政治秩序を踏まえた上で、戦国時代に勝尾城を本拠とした筑紫氏の政治的地位を明らかにしたい。

2　九州の政治秩序と筑紫氏

2-1　二元的政治体制

　室町・戦国期における九州の政治動向を主導したのは、鎌倉期以来の守護たる少弐・大友・島津氏に加え、九州探題渋川・大内・菊池・千葉氏である。彼らが各地域において政治的核となり、それぞれに結集する国衆・在地勢力の動向や中央政界の分裂抗争が絡み合い、九州の政治史が展開した。とくに室町期から筑前・豊前を分国に加えた大内氏は九州の政治動向を大きく左右した。大局的にみるならば、室町・戦国期九州の政治過程は、大内・渋川氏と大友・少弐氏との対立・抗争を軸に展開していく。勝尾城が所在する肥前国おいては、少弐氏と九州探題渋川氏の勢力基盤が競合し、両氏は激しく対立した。

　少弐氏は鎌倉時代初期に九州に下向して大宰府を掌握し、大宰少弐を世襲して鎌倉幕府の九州統治を担った。筑前国太宰府を拠点とし、筑前守護をはじめ複数の守護を兼ね、筑前・肥前・豊前・壱岐・対馬といった北部九州の広範囲に所領を有した。

　一方、室町幕府が設置した九州探題は、鎌倉幕府の鎮西探題と同様に、筑前国博多を拠点とし、肥前守護職を兼帯した。したがって、権力基盤が重なる少弐氏と九州探題は、必然的に競合対立する関係となった。応永32年(1425)、九州探題渋川義俊は少弐満貞に敗れ筑前国から退去し〔本多1988〕、

以降、後に筑紫氏が本拠とする肥前国東端部を中心とする局地勢力となった。

2-2　肥前国における多元的な政治的結集核の存在

　肥前国では少弐氏と九州探題渋川氏が競合し、ともに強力な分国支配を展開することができなかった。また、肥前国における上級権力は少弐・渋川氏だけではなかった。国衙支配の伝統を継承し準守護級の領主として領国支配を志向した千葉氏がいた。加えて周辺国より肥前国内の対立に介入する大友・大内氏がいた。また、天文～永禄年間、高来郡の有馬氏の勢力は肥前国中央部の小城郡にまで及び、室町幕府内談衆大館常興は「肥前守護有馬」と呼んでいる（『大館常興日記』天文 8 年（1539）7 月 3 日条）。そして、天正 6 年（1578）末以降、大友氏の対島津戦の敗北を契機に龍造寺氏が独立し、筑後・肥後・筑前にまで勢力を拡大した。このように、肥前国では政治的結集核が多元的に存在し、対立を激化させる要因となった。

2-3　戦国期九州における武家の家格

　九州における武家の家格を考える上で興味深い史料がある。天文 8 年（1539）、大友義鑑の手日記には、九州の大名・国衆に対する大友氏の家格意識が示されている（下線筆者、以下同）。

〔史料 1 〕「大友家文書録」大友義鑑手日記

　　　　手日記　天文八

一、<u>伊東六郎</u>、弾正大弼之官途望候歟。彼一家代々大和守と申候。　義尹公方様、防州御座之時、至彼家、はじめて尹祐と被下候き。それも大和守と申候。相応之官途以下、可被仰出候哉。殊、義之御字被下候事、又、大弼之事、一向無其例儀候条、為此方、菟角不及言上候。

一、<u>高来之有馬太郎</u>、官途之事、申上候歟。彼仁代々左衛門尉と申候。あらためて可被下之儀、如何候。殊、御字之事、上下共可被下事、一向不及其沙汰儀候。隣国衆之事、被礼先例、可被仰出候哉。<u>代々、御字・官途以下、被下候人数之事、島津代々陸奥守、菊池代々肥後守、千葉介、太宰少弐以下、其外之衆者、彼衆中被官並之事候</u>。各存知之前候。

一、<u>西国之事者</u>、大内・此方、大概存知仕候而、何事をも申付候。今以其

分候条、両方被成御尋、毎事可被仰出事候哉。乍斟酌為御心得、御両所迄濃々令申候。又、なにの大夫事、西国におゐて、大内・此方より外ハ不可有之候歟。又、為御存知候〳〵。

　　　十二月五日

　　　龍眠菴

　　　勝光寺　まいる

　日向の伊東資清(義祐)と肥前高来郡の有馬賢純(晴純・義純)が、将軍足利義晴に官途と一字の拝領を申請した際、幕府からの下問に対し大友義鑑が京都への使者に書き送ったものである。大友義鑑は、3つの家格差を認識していた。①西国においては大内・大友両氏が何事も差配し、大夫を与えられるのもこの両氏だけである(第3条)。②将軍から代々官途と一字を与えられているのは、島津・菊池・千葉・少弐氏である(第2条)。③その外の衆は②の被官並みである(第2条)。この時の筑紫氏は大内氏、ないしは少弐氏の配下にあったので③に該当する。

2-4　筑紫氏は「国衆」

　筑紫氏は、先述したように少弐氏の有力家臣として歴史の表舞台に登場した。そして、勝尾城が所在する肥前国東端部に割拠する15世紀末頃から、それまで少弐氏と対立してきた大内氏の支配下に転じた。

〔史料2〕「筑紫(辰)家資料」大内義興下文写

　　下　　　　筑紫刑部大輔

　　　　可令早領知筑前国三笠郡下見村参拾町地・那珂郡岩門庄三百五拾町地
　　　　等事、

　　　右、以件人、所充行也者、早守先例可全領知之状如件、

　　　　　　永正拾六年三月十三日

　永正16年(1519)には、筑紫刑部大輔は大内義興から名字の地に隣接する御笠郡下見村(福岡県筑紫野市)30町と那珂郡岩門庄(福岡県那珂川市)350町を与えられた。大内氏への被官化を明確に示している。

　弘治3年(1557)、大内氏が滅亡すると、家中の内紛を経て大友氏の支配に服した。

〔史料3〕『宗像大社文書』筑紫鎮恒起請文

　　　　　再拝々々敬白、

　夫意趣者、就世上成立、近年者互不通之様候ツ。然処、貴家・忰家無二
深重ニ申談可為肝要之由、戸次道雪預御媒介候之条、任其旨、以　御神
文之一通、顕心底候。然者、至宗像氏貞、為筑紫鎮恒、尽未来際不可有
相違候。此旨於令違犯者、

　梵天・帝釈・四大天王、惣而、日本六拾余州大小神祇冥道、別而、当国
鎮守千栗八幡大菩薩・河上大明神・櫛田廿八社、竈門宝満大菩薩、高良
三社大菩薩、筥崎八幡大菩薩、氏神春日大明神、東屋六社権現、天満大
自在天神神罰冥罰於身可罷蒙者也。仍起請文如件。

　　　　天正六年　　　　　　　　　　　　筑紫次郎

　　　　　　八月十七日　　　　　　　　　　鎮恒(花押)

　　　　宗像氏貞　参

　史料3は、天正6年(1578)、大友氏の筑前国支配の中核を担う立花城督戸
次道雪(鑑連)の仲介により、筑紫鎮恒(広門)が同国の宗像氏貞と同盟を結ん
だときのものである。

　以上のように筑紫氏は、つねに少弐・大内・大友氏、いずれかの政治的・
軍事的指揮下にあった。筑紫氏は大名の支配領域内に割拠する国衆の一つで
あった。

　ヴァリニャーノ著『日本巡察記』(1583年)には、大名の分国内における国
衆の割拠状況を示す。

〔史料4〕ヴァリニャーノ著『日本巡察記』

　この(屋形の)下に国衆と称される人々が居り、我等の公・侯・伯爵に該
当する。すなわち、各王国は国と称せられる八、十、十二ぐらいの部分
に分かれており、彼等はその領主であるから国衆と称されるのである。
これらの人々のうち、ある者は強大であり、ある者は(弱)小である。た
だ一国を有する者もあり、二国、あるいは三国を有する者もあって、内
裏から受ける栄誉の種類と、所有する土地の面積によって差異が生じる
からである。これらの国の各々の中に、その格式に応じて、国衆の家臣
である多くの小領主が居り、彼等は、一、二、あるいはそれ以上の城砦

66　第Ⅰ部　筑紫氏と勝尾城の歴史

や村落を有する。彼等はまさしく我等の間における男爵に相当し、<u>彼等</u>
<u>とその主要な家臣はその地方の郷士</u>である。

　ここにいう「国」は郡に相当する。屋形(＝国王)の分国内で郡規模の所領
を領有する国衆が割拠し、国衆の家臣たちが領内の軍事的拠点を押さえ、村
落を支配していた状況が述べられている。大名たる屋形を最上級に、屋形
(大名)《国王》―国衆《公・侯・伯爵》―その家臣・地侍《男爵》、と３つ
の階層があった。大名(少弐→大内→大友)に服属し、肥前国基肄・養父郡を
基盤に肥前・筑前・筑後３か国の国境地帯に勢力を張った筑紫氏は国衆に該
当する。

3　「境目」の領主

3-1　肥前・筑前・筑後３か国の国境地帯を領有

　勝尾城は肥前国が筑前・筑後両国側に突き出す東端部に位置する(図)。こ
の立地を活かし、筑紫氏は肥前国基肄・養父郡を権力基盤に３か国の国境地
帯を領した。このことは筑紫氏が発給する起請文の神文に端的に現されてい
る。筑紫氏は３か国の神々を神文に勧請した。史料３に見るように、肥前国
の鎮守(当国鎮守千栗八幡大菩薩・河上大明神)→神崎庄の鎮守(櫛田廿八社)
→筑前(竈門宝満大菩薩)→筑後(高良三社大菩薩)→筑前(筥崎八幡大菩薩)→
氏神(春日大明神)→在所神(東屋六社権現)と、末尾の氏神・勝尾城下の在地
神に先立ち各国の主要神を勧請した。

　筑紫氏が居城とした勝尾城は、筑紫氏の支配の拠点であるばかりでなく、
大名権力にとっても分国防衛上、重要な軍事的戦略拠点となった。

〔史料５〕「江藤文書」吉弘鑑理・戸次鑑連連署書状

　　急度遂注進候。然者、<u>立花御城</u>、敵可取詰之由、四・五日以来風聞之条、
　　<u>日田在陣衆上筑後及差寄</u>、<u>秋月</u>於有手当者、当陣衆、立花可致加勢之通、
　　毎日度々申遣候処、昨日、国之衆、鑑連以両使如申越者、今程、此表之
　　様陳易、難事成之由候。就中、聢在郡肝要之段、被成　御下知之由候。
　　前日両度上筑後迄出張専要之通、被加　上意之由、被　仰下候ツ、如何ニ
　　御座候哉与申居計候。然処、昨日自怒留湯主殿助所書状到来候条、為

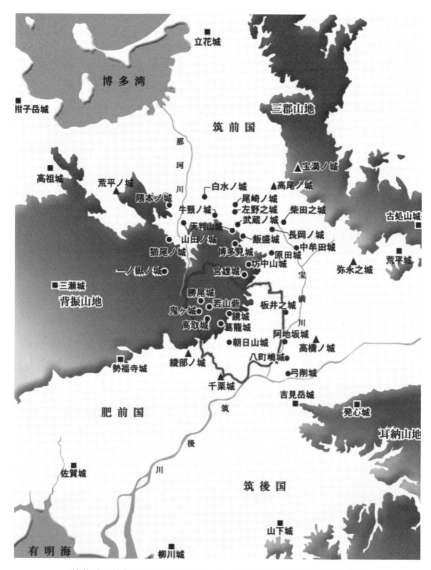

筑紫氏の城郭分布図（鳥栖市ホームページ「筑紫氏勝尾城遺跡」より）
- ●：筑紫氏が安定的に保持したと考えられる城
- ▲：筑紫氏が一時的に支配した城
- ■：他家の城

上覧上進候。夜前重々申来分者、豊前表渡海衆、過半宗像目迄、去十三罷着之由候。弥、立花可取詰可為行候歟。長野表馬見罷成不慮候事、公私御外聞不及是非候。結句、立花御城於敵案者、被失御弓箭之覚、筑後目迄茂不可有正躰候。上筑後里目一旦如何躰候而茂不苦候条、筑紫衆事者、両郡為押、差置候。雖無人数之至候、敵陳可切崩以議定、今日致出張候。必、御吉左右可申上候。縦、両人罷立　御用候而茂、一加勢仕候へ者、境目御城督衆向後覚ニ可罷成候間、如此候。聊麁相非一篇候。先書申上候様、既馬見落去之上者、日田在陳衆、豊前表・筑後目両口之間、御加勢ニ罷成候之様、可被成　御下知事、可為御賢慮候哉。此等之趣、御取合可預御披露候。恐惶謹言。

九月十六日　　　　　　　　鑑理(花押)

鑑連(花押)

　　　　吉岡越前入道殿

　永禄11年(1568)、豊前国から九州に進出した毛利軍が筑前国宗像方面に進軍し、いよいよ大友氏の筑前国における軍事拠点立花城への攻撃が開始されようとした。立花城督怒留湯主殿助の戦況報告に対し、大友軍を率いる戸次鑑連(道雪)・吉弘鑑理は、立花城が落城し筑後境まで攻め込まれる万一の場合に備え、筑紫鎮恒の軍勢をその押さえと残しておくことを大友宗麟に進言した。毛利軍の九州渡海を受け、長野・秋月・宗像・龍造寺氏等が大友氏に対して蜂起し、この時、筑紫氏の勝尾城は龍造寺隆信による攻撃の危険にさらされていた。

〔史料6〕「佐藤文書」毛利元就書状

　就幸便、一筆申候。其子細者、誠くり事かましく候へ共、豊後之二老落籠付而、筑紫在所江龍造寺相動度由申之由、財越申候。龍造寺、此方江一味候事茂、筑紫を討果度との事にて如此候。去夏、土肥兵部申事も此事にて候ツ。然間、御合力候ても、龍造寺を動せ度事にてハ候。され共、能々令思案候ニ、筑紫在所者、定而可為堅固之儀候ニ、剰豊後衆罷居候ハんに、龍造寺楚忽ニ動候ても、自然くる留、或長々敷、或動之色も悪候てハ、其覚又以外不可然儀候。龍造寺、事をひからかし候てこそ、始千手、何方茂如此候に、自然、龍造動少も覚悪候てハ、曲有間敷候条、

能々御聞合候而、可被仰談候〜。（下略）

　　　　　九月廿日　　　　　　　　元就（花押）

　　　　隆景

　　　　貞俊

　　　　元春　御陳所

　龍造寺隆信から、豊後の二老戸次鑑連・吉弘鑑理を追い込むためとして筑紫氏攻撃の許可を求められた毛利元就は、毛利軍を率いる吉川元春・福原貞俊・小早川隆景に慎重な対応を求めた。元就が勝尾城攻めに消極的だったのは、隆信の真意が筑紫氏を討ち果たすことにあったことに加え、筑紫氏が堅固に守りを固めていることと、大友氏の軍勢が在城していることであった。勝尾城は、筑紫氏の居城であるばかりでなく、３か国が交差する要衝であるため、戦時においては大友軍が駐留し大友氏の軍事拠点としても機能した。

　また、後に立花城督に就いた戸次鑑連は、勝尾城の軍事拠点としての重要性に鑑み軍需物資を支援した。大友氏が日向にて島津氏に敗北を喫した直後、筑紫広門が従来通り大友氏に服属することを改めて表明するために家臣嶋珍慶を派遣した際、「広門ハさかひ目ニ御座候間、大鉄炮拾丁、薬かめ拾ヲ伝遣候間、広門へ慥可被申候」（『豊前覚書』天正６年（1578）12月１日条）と回答し、肥前・筑前・筑後３か国の国境地帯を領する広門に対し、大鉄砲と火薬を与えた（ただし、筑紫氏はこの直後に大友氏から離反する）。

3-2　政治的境界領域において台頭、割拠

　勝尾城が所在する肥前国東端部は、元来、九州探題渋川氏の支配領域であった。渋川氏は、応永32年（1425）の没落後、肥前国三根郡綾部城（佐賀県三養基郡みやき町）や筑前国那珂郡五ヶ山の亀尾城（福岡県那珂川市）等に拠って肥前国東部の局地勢力となりながらも、大内氏の後援を得て戦国期まで命脈を保った。筑紫氏が勝尾城を本拠とし、同地域を領有するには渋川氏の勢力を駆逐しなければならなかった。

〔史料７〕「杠家文書」少弍政資書状

　　去十七日、亀尾城切捕候。敵城柱森戸修理亮為始、十余人討捕候。宗幡摩守為人躰馳越、高名候。馬場肥前守・筑紫下野守以下、あやへのこと

く、十八日未明、差寄候。彼敵城内申談族候間、当日可落着候。至早良
横山、大窪伊与守以下、為先勢申付候。此時、馳走憑入候。猶委細、経
康可申談候。恐々謹言。

　　　　　七月廿一日　　　　　　　　　　　　　政資（花押）
　　　　杠日向守殿

　長享元年（1487）、少弐政資は亀尾城を陥落させ、続けて綾部城を攻略した。
この時、馬場肥前守とともに筑紫満門が寄せ手の大将となっている。すなわ
ち、筑紫氏が勝尾城を擁する肥前国東端部に入部する契機は、少弐氏による
渋川氏攻めで先兵を務めたことであった。

　ところが、少弐政資・高経父子滅亡の翌年には筑紫満門が大内氏に属した
徴証を見出しうる。「河上神社文書」明応7年（1498）9月吉日付筑紫満門願
文において、満門は肥前国の鎮守河上社の造営遷宮にあたり、「今度東西讎
敵之摧滅事、有何疑哉」と戦勝祈願を行い、翌8年11月、大内氏の配下で佐
賀郡代として河上淀姫大明神の神殿を再興した（「実相院文書」明応8年11月
16日付河上淀姫大明神御殿棟札銘写）。この時、最大のパトロンが「多々良
周防守後家藤原氏女」、すなわち大内政弘の後室であった。

　長享元年に渋川万寿丸が没落して以降、明応7年までに筑紫氏が入部し、
渋川氏に代わり同地域に勢力を張った〔堀本2007〕。『歴代鎮西誌』『歴代鎮西
要略』『北肥戦誌』等、江戸時代の軍記物では少弐父子の没落原因を満門の
離反としている。

　したがって、渋川氏が没落する長享元年から明応7年の間に、筑紫氏は独
自の支配領域として肥前国東端部に盤踞し、勝尾城に入城したことになる。

3-3　交通の要地を掌握

　筑紫氏が支配する肥前・筑前・筑後3か国の国境地帯は、九州における交
通の要路が通過する。九州を南北に縦貫するルートと東西に横断するルート
が交差する要地であった。博多方面から太宰府西方の地溝帯をを抜け南下す
るルートの他に、背振山地の七曲峠を越え肥前神崎庄と博多を結ぶルート
（岩戸道）も掌握していた。筑紫氏は山間ルートを押さえるため五ヶ山に一ノ
岳城を築いた。また、九州一の大河筑後川が領内の東南端を流れ、筑後川を

通じた有明海の海上交通への関与も可能であった。

　このような立地を踏まえ、筑紫氏は領内に関所を設け、行き交う人々や物流の管理を行っていた。

〔史料8〕「嶋井家資料」嶋鎮述過書

　　御領中関所之事、至嶋井宗叱、被成　御免許候。無異儀可有勘過候。

　　恐々謹言。

　　　　　　　　　　　　　　　　嶋拾右衛門尉

　　　　　　十月十四日　　　　　　　　　　鎮述(花押)

　　　　諸関奉行中

　これは、筑紫鎮恒(広門)の時代に家臣嶋鎮述が領内の諸関奉行中に宛てた過書である。博多の豪商嶋井宗叱に対し、領内中の関所の通行を認めたものである。また、「大鳥居文書」(年未詳)9月28日付筑紫良仙書状では、社納物の輸送が滞った太宰府天満宮からの「鎮恒領内荷物往返之儀、可有如何哉」という問い合わせに、「社物可被下遺事、不可有口能之儀候、御調次第可被召下候」と回答している。陸上交通路の要地を支配領域とする筑紫氏の面目が躍如している。

4　勝尾城・筑紫氏をめぐる政治的・軍事的動向
　　　　—戦国期九州政治史との関わり—

　本節では、上述した内容も交え、筑紫氏と勝尾城をめぐる重要な政治的・軍事的画期を提示しておきたい。現在遺る筑紫氏勝尾城遺跡は、天正15年(1587)に筑紫氏が筑後国上妻郡に移封されて廃された状況、いわば最終段階の姿である。5つの支城・砦、4重の土塁と空堀からなる広大な規模で、かつ城下町を含む城館群は、一挙に完成したものではなく、筑紫氏が入部した15世紀末以降に時々の軍事的要請にかられ漸次整備されていったものであろう。文献史学の分析と発掘調査の成果は簡単に直結するものではないが、勝尾城の改修、発展の契機となったであろう勝尾城をめぐる政治的・軍事的動向や危機的状況を押さえておきたい。

4-1　明応5～6年(1496～97)、少弐政資・高経父子の挙兵と没落

　先述したように、これ以前、筑紫氏は少弐氏の家臣であった。同氏の有力武将の1人として九州探題渋川氏を肥前国東端部から駆逐した。渋川万寿丸を滅ぼした少弐政資であったが、明応5年、息高経とともに大内氏からの筑前国奪回を目指して挙兵するも、翌6年4月、父子ともに自害して果てた〔堀本2000〕。この時、筑紫氏は少弐氏と行動をともにしなかったようである。史料上はこの前後から、筑紫満門が少弐氏から離反し、少弐氏と敵対していた大内氏の麾下に入ったことを確認できる。時期的な整合性を考えると、大内氏の力を背景に少弐氏から独立して、肥前国東端部を中心に筑前・筑後両国の国境地帯を領するようになったと考えられる。

4-2　天文元～7年(1532～38)、大内氏の北部九州席巻と少弐資元の没落

　天文元～7年の間、大友・少弐氏と大内氏の対立が激化し、北部九州一帯に戦乱が拡大した。大内義隆が派遣した重臣陶道麒は北部九州を席巻し、大友氏の筑前国支配の拠点であった立花城・柑子岳城を相次いで陥落させた。少弐氏は政資の跡を継承した資元が挙兵したが、大内軍に敗れ、天文5年9月、肥前国小城郡多久の専称寺で自害した。

　この時期、筑紫氏は2つの陣営に分かれて分裂していた。大内方の満門―秀門系と、少弐方の正門―惟門系である。15世紀末に筑紫満門が大内氏に属して肥前国東端部に盤踞した後も、少弐氏を支え続けた一族がいたのである。

〔史料9〕「河津伝記」所収大内義隆感状写

　　去七日丑刻、肥前国基肄郡宮尾要害、筑紫新四郎正広(門)落城之砌、於東西谷崩、内山田杢左衛門尉討捕之条、尤神妙候。弥可抽忠節者也、如件。

　　　　天文二年九月十六日　　　　　　　義隆　判

　　　　河津丹後守殿

　陶道麒の北部九州席巻は、筑紫氏の支配領域にも及んだ。本文書から、大内氏と敵対する筑紫新四郎正門が宮尾城(佐賀県三養基郡基山町)を拠点としていたことが判明する。次掲の史料からは、正門が宮尾城陥落後も少弐資元没後に擁立された少弐冬尚を支え、大内氏への抵抗を続けたことがわかる。

〔史料10〕「太宰府天満宮文書」大内義隆寄進状

奉寄進大宰府　天満宮
(中略)
右意趣者、仍年以来、藤原冬尚潛号少弐(少弐)、而掠管国、蔑如　朝威、違将命。依之、被補　朝敵之治伐、雖及度々而、猶塞管肥前国有年矣。臣賤従被補大弐日、征伐凶賊、雖存安蒼生、東北干戈未休而、移時矣。爰去十月廿九日、渠土卒、正門兄弟已下之賊徒、襲安須郡、管軍励力戦之大勝焉。(下略)
　　天文八年十一月十七日
　　　　　　　正四位下行大弐兼兵部権大輔周防介臣多々良朝臣(花押)敬白
　筑紫正門兄弟は少弐冬尚の主力として、大内方の秋月文種と戦い討死した。筑紫氏の系図では、正門は大内氏に属した満門の孫、秀門の子に配されるが、政治的立場は全くの敵対関係であるので、系図は検討を要する。筑紫氏は分裂し、それぞれ別個の軍事拠点を持って相対していたのである。

〔筑紫氏系図〕

4-3　弘治3年(1557)～永禄2年(1559)、
九州政治構造の転換と筑紫氏の家中統一

　第2節で述べたように、室町・戦国期における九州の政治体制は、大内・渋川氏と大友・少弐氏の対立を基本的な対抗軸として推移し、渋川・少弐氏の衰退にともない、対立の構図は大内氏と大友氏の争いに収斂していった。ところが、天文20年(1551)、大内氏の内紛により大内義隆が滅ぼされ、次いで跡を襲った大友義鎮の実弟大内義長が弘治3年に毛利元就に滅ぼされると、大友氏は北部九州支配を全面的に展開していった。義長滅亡直後から大友義鎮は大内氏の分国であった筑前・豊前両国の接収に乗り出し、永禄2年末までに豊前・筑前・肥前3か国を軍事的に制圧した〔堀本2012〕。大友氏はそれまで支配してきた豊後・筑後・肥後3か国に加えて、南九州を除く九州の大半を支配下に収めることになった。

74　第Ⅰ部　筑紫氏と勝尾城の歴史

　筑紫氏もこの動乱の過程で大きな転機を迎えた。筑紫家中の主導権争いは二転三転しながらも明応末年以来の家中分裂は止揚され、大友氏に服属し鎮恒（後の広門）を擁立する一派によって家中の統一がなされた。筑前国夜須郡の秋月文種とともに大友氏に対して挙兵した筑紫惟門は、大友氏に攻められ永禄２年７月初めには没落した。これ以前に大友氏は一族の草野真清を宮尾城督に据え、筑紫家の存続を認めていたが、同年九月、筑紫長門入道等が挙兵し真清を没落させた。

〔史料11〕「田尻文書」チヤ書状

　　急度申候。昨日廿一、至宮雄要害取懸、則時切崩、数輩討捕、得勝利候。
　　(草野)真清事、可討果覚悟候之処、構未練、逐電候間、不及力候。以其
　　勢郡内多分焼払候。火色可為顕然候条、不及申候。彼取成、聊奉対　豊
　　州、非緩怠候。如御存知、至真清宿意、依難黙止、如此候。可然被仰上
　　可給候。憑存候。兼又、此間、以状申入候ツ。参着候之哉。豊御到来承
　　度候。於委細者、申事旧候間、今以不及口能候。猶、重疊可申承候。
　　恐々謹言。
　　　　　(永禄二年)
　　　　　九月廿二日　　　　　　　　　チヤ(花押)
　　　　　(田尻親種)
　　　　　タネまいる申給へ

〔史料12〕「筑紫文書」大友義鎮書状

　　宮雄城督之事、先年侘言深重之条、令領掌、名字連続之上者、彼城勤番
　　之儀、定而不可有緩之段、存候之処、去秋不慮之様躰、不及言語候。他
　　　　　　　　　(内)
　　郡之聞不可然候間、□々存分共候。折節旧冬至養父郡悪党現形之砌、
　　別而粉骨之次第、預注進候之条、不及莵角候。於向後者、湛々以心懸、
　　弥被励忠貞、一家再興之御覚悟肝要候。猶年寄共可申候。恐々謹言。
　　　　　(永禄三年)
　　　　　二月十九日　　　　　　　　　義鎮(花押)
　　　　　　　筑紫長門入道殿
　　(尾)
　宮雄城は、かつて大内方の満門―秀門系と対立した少弐方の正門が籠城した城である。大友氏は敵対した惟門に代え、筑紫氏の「侘言」を受け入れ、惟門の庶兄草野真清を宮雄城督に任命し筑紫氏の存続を認めた。しかし、これで家中対立は収束せず、真清を認めない一派が宮雄城の真清を追い落とした。彼らが鎮恒（広門）を擁立し、改めて大友氏への服属を誓うことで、よう

やく筑紫家中は分裂状況を克服することができた。

4-4 永禄10〜12年(1567〜69)、毛利氏の九州進出

　毛利氏の九州進出に際しては、筑紫氏は水面下で毛利氏と交渉の動きを見せるものの、大友方としての立場を堅持した。前掲史料5・6に見るように、筑紫鎮恒の拠る勝尾城は大友氏にとって重要な戦略拠点として期待され、大友軍が駐留する場合もあった。4重の長大な堀と土塁を有する勝尾城の規模は、大名権力の梃子入れがあったことを想定しておかなければならない。

4-5 天正2年(1574)、筑紫・龍造寺・横岳3氏間の所領紛争

　毛利氏の九州撤退後、龍造寺隆信は大友氏に帰服したが、元亀3年(1572)より肥前国三根郡に侵攻し筑紫・横岳氏と所領紛争を起こす。筑紫氏は大友氏の裁判権と軍事力のもと所領回復を図った〔堀本1998〕。

〔史料13〕「筑紫文書」大友氏加判衆連署書状

　　於其表、龍造寺隆信取出之段、注進之趣、則令披露候之条、筑後・筑前衆、急度堺目迄差寄、<u>無事之助言</u>肝要之通、被　仰出候。自然、為隆信一雅意無止候者、重々依言上、可被成其御心得之由、上意候。然者、<u>当城之儀、弥堅固之格護専要之段</u>、能々可申旨候。恐々謹言。
　　　　　　　　（元亀三年）
　　　　　　卯月二日　　　　　　　　鑑速(花押)
　　　　　　　　　　　　　　　　　　宗歓(花押)
　　　　　　　　　　　　　　　　　　親度(花押)
　　　　　　　　　（栄門）
　　　　　筑紫兵部少輔殿

　大友氏は近隣の筑後・筑前衆に「無事之助言」を要請し、龍造寺隆信の蜂起に備えて筑紫氏に対して勝尾城の防備を固めるよう命じている。大友氏は調停に従わない龍造寺氏に対し、天正2年に討伐の軍勢を催し、同5年龍造寺氏は大友氏の軍事力の前に屈服し、紛争は終結する。

4-6 天正6年(1578)末以降、
　　　大友氏の敗北を契機とする龍造寺の北部九州席巻

　天正6年末、日向国において大友氏が島津氏に大敗を喫すると、筑紫氏を

めぐる政情は一挙に緊迫した状況となった。龍造寺隆信が挙兵し大友氏の分国を席巻し、筑後・肥後・筑前3か国に進出した。ここに九州は初めて大友・島津・龍造寺3氏による鼎立状態を迎え、群雄割拠の状態となった。この段階で筑紫鎮恒(広門)は大友氏から離反し、勢力の拡大を図った。

4-7 天正14年(1586)、島津氏の攻撃による勝尾城落城と奪還

　天正14年、肥後を押さえた島津氏が北上を開始する。島津氏への服属を拒んだ筑紫氏は再び大友方に転じたため、3月末、島津氏の攻撃対象となった(『上井覚兼日記』天正14年3月30日条)。7月6日、島津軍は「筑紫籠下栫」を残らず破却し、11日以前に勝尾城は落城した(同7月10日条)。落城後、広門は筑後国大善寺(福岡県久留米市)に幽閉されたが、脱出し、8月27日に一ノ岳城を、翌28日には勝尾城の奪回に成功した(同9月1日条)。

　天正15年5月、島津氏が豊臣秀吉に降伏することで九州の戦国時代は終わりを告げた。筑紫広門は九州国分けにより筑後国上妻郡に移封された。勝尾城は戦国時代の終焉とともにその歴史的役割を終えることになる。

参考文献

川添昭二「九州探題渋川氏の衰滅過程」『九州文化史研究所紀要』23号、1978年

黒嶋　敏「九州探題考」『史学雑誌』116編3号、2007年

堀本一繁「勝尾城主筑紫氏に関する基礎的考察」『戦国の城と城下町　鳥栖のまちづくりと歴史・文化講座』(鳥栖市教育委員会)1997年　(1999年に鳥栖市教育委員会編集・発行『鳥栖市文化財調査報告書第57集　勝尾城下町遺跡』に加筆修正の上再録)

　　　　「龍造寺氏の戦国大名化と大友氏肥前支配の消長」『日本歴史』598号、1998年

　　　　「明応の政変と少弐氏」『福岡市博物館研究紀要』10号、2000年

　　　　「戦国期北部九州の政治動向と筑紫氏・勝尾城」『海路』5号、2007年

　　　　「一五五〇年代における大友氏の北部九州支配の進展―大内義長の治世期を中心に―」『九州史学』162号、2012年

本多美穂「室町時代における少弐氏の動向―貞頼・満貞期―」『九州史学』91号、1988年

戦国期北部九州における流通網と鳥栖

鈴 木 敦 子

1 はじめに

　北部九州には、古代から九州を統治する大宰府がある。鎌倉期以降ここを支配基盤として筑前・筑後・肥前の守護職を得て勢力を張ったのが、小弐氏である。他方、鎌倉・室町幕府は博多を九州支配の拠点とし、ここに鎌倉探題・九州探題を置いた。

　小弐氏には「小弐恩顧之者」「小弐譜代之輩」「小弐股肱之輩」と称して小弐氏を推戴する武士(中小領主)がおり、豊後の大友氏の協力もあって勢力を保った。他方、九州探題は南北朝期の九州平定の過程で置かれたが、支持基盤は脆弱であった。14世紀末に任命された渋川氏は博多の居所を度々追われ、肥前の綾部城(佐賀県みやき町)に拠点を置いた。これに協力したのが周防の大内義隆である。彼の援護によって九州探題の地位を保持していたが、明応9年(1500)渋川刀根王丸(尹繁)の九州探題就任が最後となった(なお、永禄2年(1559)大友義鎮が九州探題に任命された)。

　さて、天文19年(1550)大内義鑑が横死して義鎮が継ぎ、翌年に周防の大内義隆が陶隆房に討たれると、北部九州の均衡勢力は大きく変化した。大内氏の勢力は衰え、豊前の大友氏が肥前へ支配勢力を拡大し、小弐方を援助した。

　その中、肥前筑紫氏最後の当主広門(鎮恒)の父惟門は、筑紫氏家臣内部の対立(大友方と大内方)を収拾できず、永禄2年田尻親種に大友氏への取成しを依頼し、翌年3月筑前国那珂郡五箇山へ隠居した。

　広門は永禄10年から同12年にかけて大友方としての立場をとり、毛利氏の北九州進出に伴う合戦に参加している。筑紫氏の所領が筑前・筑後・肥前3国の国境地域にあり、所領の田代が交通の要衝であったことが、大内氏が筑紫氏を必要としていた理由であろう。

78　第Ⅰ部　筑紫氏と勝尾城の歴史

　しかし、天正6年(1578)の日向耳川の戦いで大友氏が大敗し、支配勢力を急速に減退させると、広門は大友方からの離脱をはかった。そして天正8年4月と10月に龍造寺隆信と起請文を交わした[1]。その内容は隆信からの人質の要求を受け入れるものであり、龍造寺方に付いたのである。この頃、名乗りも鎮恒から広門に替えている(大友鎮恒の偏諱から離脱)。これを契機として、筑紫氏の勢力は旧大友支配の筑前・筑後・肥前3国の国境地域へと拡大していく。

　上述のように筑紫氏の支配領域の特徴は、諸勢力小弐・大友・大内・龍造寺が競合する筑前・筑後・肥前3国の国境地域であり、さらに大宰府を中心に張り巡らされた交通の要衝を領内に抱えていたことである。この筑紫氏の交通・流通政策はどのように編成されていたのだろうか。ここでは、戦国期の具体的な交通・流通の実態を検証し、筑紫氏の交通・流通政策の問題を考えていきたい。

2　戦国期北部九州の陸上交通(図1)

2-1　大宰府と肥前国とを結ぶ道

　古代では九州の統治の中心は大宰府にあることから、九州内の各道路は大宰府をその起点・終着点としている。これらの道は古代の国衙(国府：中世では多くの場合国衙を継承して守護所となる)を結ぶ道となる。肥前の国衙は、佐賀市大和町に国府跡が残されている[2]。

　中世の筑前国と肥前国を結ぶ道は、古代の西海道西路(大宰府を出て筑後・肥前・肥後・薩摩を経て大隅国国府に至る道)を基肆駅で分岐し、養父・三根・神埼郡を経て佐嘉郡の肥前国府に達し、さらに小城・杵島・藤津・彼杵・高木郡などを経由して島原半島から有明海を渡って肥後国に至る道(西海道肥前路)である。

　現時点で鳥栖市内の中世の道を探ると、西海道肥前路は明瞭な痕跡を印している。地図でみると、鳥栖市田代外町と神辺町・萱方町との行政上の境界は直線になっており、その線上が現在の国道34号となっている。昭和22年(1947)の航空写真では、ほぼ東西南北方向の碁盤目状の地割を斜めに切って

おり、明瞭な直線の帯状痕跡が確認できる。この痕跡は宿町付近からやや不鮮明になるが、朝日山東南麓を通る近世長崎街道に接続するまで、ところどころに認められ、その途中に宿町をはじめ通称地名車路がある。「車路」は例外なく古代道路を意味する地名である(3)。

　また、佐賀平野では肥前国庁と大宰府を結ぶ官道の跡が、中原町(佐賀県みやき町)から大和町(佐賀県佐賀市)にかけて約17kmの区間で確認されている。そのほかの大道の痕跡は、神埼町(佐賀県神埼市神埼町)の祇園原周辺、神埼町から三田川町(佐賀県吉野ヶ里町)にかけての吉野ヶ里遺跡周辺、三田川町鳥隈周辺に存在する帯状の水田や切り通しなどがある(4)。古代の官道は近代まで生きていたと、考えられる。

　なお、近世に入ると、大宰府を経由せずに田代(鳥栖市)・原田・山家(福岡県筑紫野市)を経て冷水峠(5)を越え、木屋瀬から黒崎・小倉にでる「長崎街道」が成立した。この冷水峠は難所として有名であり、中世ではここを通行することは困難であったと考えられる。鳥栖から博多・宗像を経て豊前国に入り門司へ至る大宰府路を利用するか、秋月(福岡県朝倉市)を経て豊前国に入り小倉へ抜けるルートを取ったと考えられる。

2-2　大宰府と薩摩を結ぶ道
2-2-1　『中書家久公御上洛日記』にみる道

　九州を南北に縦断する街道は古代の西海道西路(近世では薩摩街道)にあたる。『中書家久公御上洛日記』は天正3年(1575)島津家久(島津義久の末弟)が上京した時の日記であり、鹿児島から門司までほぼ薩摩街道を利用して九州を縦断しているので、その行程を見ていこう。

　まず、家久らは鹿児島をたって天正3年2月24日に田の浦(熊本県芦北町)に出る。ここから乗船して25日松橋(熊本県芦北町宇城市)に至り、その後陸路をいく。「当前の江の渡」(比定地不明)では「神も扇もしほしほと渡賃とられ候、それより大渡といへる所、亦川尻といへる所にて、関とてとられ」とあるように、頻出する関所で関賃を徴収されている。この日は川尻(熊本市川尻)で宿泊し、26日は鹿子木(熊本市鹿子木)で宿泊、27日には今藤(熊本市北区)から山鹿(熊本県山鹿市)そして平野(熊本県和水町)で宿泊し、28日

80 第Ⅰ部 筑紫氏と勝尾城の歴史

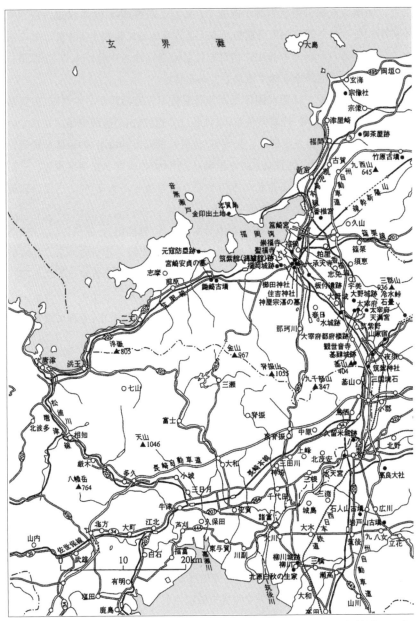

図1 北部九州の主要道路(鈴木敦子「商業の道・峠の道」『新鳥栖学Ⅲ』鳥栖市教育委員会 2011年

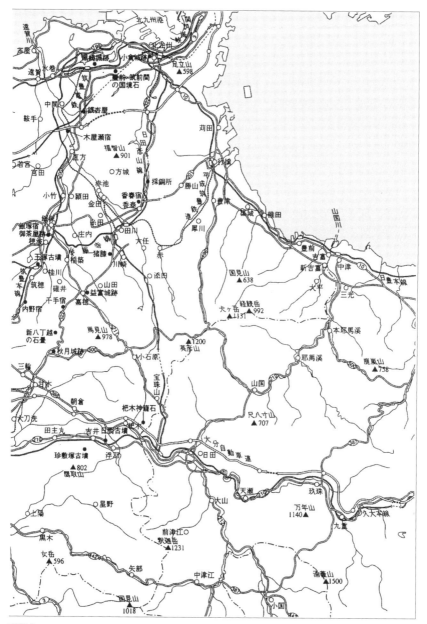

所収」）

南関(熊本県玉名郡南関町)から筑後国に入り北関で宿泊、29日には「かまち殿の城」(山下城：福岡県八女市立花町)を通過して高良山圓輪坊(福岡県久留米市)で宿泊、3月2日には筑後川を隈代の渡(久留米市)で渡り、北野天神(福岡県三井郡北野町)、三原(福岡県三井郡大刀洗町)を経て「みな木名板屋」(比定地不明)で宿泊、4日には英彦山を参拝した。その後、帆柱村を経て7日長野氏の馬ヶ岳(馬之岳：福岡県京都郡犀川町・行橋市)を見つつ伊摩井村で宿泊、8日簑島、9日苅田町(福岡県刈田町)を経由して曽根村で宿泊、10日には小倉町(福岡県北九州市)・文字城(門司城：福岡県北九州市)などを見ながら渡海・赤間関(下関)に着す。ここでは肥前国内通過の記述はないが、筑後の高良山・隈代の渡・北野天神・三原などを経て英彦山に寄ったのである。ここでも陸路は生きている。旅程のなかには渡し船や関所があり、関賃をとられ、要所々々に宿泊施設が存在していたことがわかる。

2-2-2 『九州御動座記』にみる道

　次に豊臣秀吉が自ら出兵した天正15年の薩摩征伐の際の出兵ルートを辿ってみよう。その時の記録である『九州御動座記』によると、豊前小倉から同国馬之岳(前掲の馬ヶ岳)・同国巌石ノ麓(岩井：福岡県京都郡添田町)・筑前尾熊(福岡県朝倉市)・同国秋月(同前)・筑後高良山(同県久留米市)・肥後南関(熊本県南関町)・同国高瀬(熊本県玉名市)・同国隈本・同国隈庄(熊本県熊本市)・同国八代(熊本県八代市)・同国田ノ浦・同国佐敷(熊本県葦北町)まで1か月かけて南下し、佐敷から海路で川内に渡り泰平寺に本陣を定めた。

　秀吉の通過したルートは家久のそれと似通っているが、両者のルートが16世紀後半にはほぼ薩摩街道として定着したものとなっていたことを示していよう。

　ところで、鳥栖近辺ではどこを通過したのかは不明であるが、秋月(福岡県朝倉市)・高良山(福岡県久留米市)間は現在の朝倉街道を利用したと考えられ、肥前国内は通過していないようである。だが、『九州御動座記』には筑後高良山では「但此所へ肥前国主竜造寺と云仁御礼申上候。此竜造寺ハ肥前一国と筑前半国の主也」とある。高良山で肥前佐賀の龍造寺政家が秀吉に面会しており、肥前国と最も近い秀吉の逗留先が、高良山であったと言えよ

う。

　北部九州の東西と南北を通る古代からの通路が、筑後の高良山、神代（隈代）の渡し、北野の天神・三原の付近で交差していることが推察される。この３国の国境地域の最初の肥前の町場が田代である。田代についての考察は後述する。

2-3　山越えの道（肥前国から筑前国へ）

　鳥栖市河内町（大山祇神社・萬歳寺）から九千部山東の大峠を経て筑前街道の福岡県那珂川流域の市ノ瀬方面（那珂川市）へ抜ける山越えの道がある。近年まで、春になると那珂川市から「ワサビ売り」がこのルートを辿って往来していた。那珂川市側ではこの峠を「塩買峠」という。肥前の人々が塩購入のために大峠を越えて筑前側と往来していたことによる（塩の道）。戦国期には、大峠は筑紫氏の本城勝尾城と一ノ岳城（福岡県那珂川市）を結ぶ重要な通路である。さらに河内の地名には中原城・城ノ浦・城ノ本・櫓石などの城郭関連地名が多い[6]。勝尾城に関連するものと考えられる。このように筑紫氏が肥前と筑前との２国間通路、とくに博多へのスムーズな移動ルートを確保していたのである。また、永禄２年（1559）豊後の大友氏が軍勢数万を率いてここを通っている[7]。

　なお、肥前東部地域には筑前への峠越えの道は前述の他に、中原・綾部（九州探題拠点）から七曲峠を経て那珂川・岩戸そして早良・博多へ至る峠越えと、神埼荘の年貢輸送ルートである神埼（田手）から坂本峠を経て博多へ抜ける峠越えがある。

3　戦国期北部九州の水上交通

3-1　宝満川（水屋）・筑後川から有明海へ

　干満の差が激しい有明海に流れ出る筑後川は、川の流れが有明海の満潮時には遡上し、干潮時には下る。これを利用した舟運は、筑後川の奥まで遡上することができた。

　筑後川に存在する「津」地名は、河川流通に係わる川港が存在したところ

で、その最上流は久留米市瀬下と鳥栖市幸津である。両者を結ぶ線は、この付近まで有明海が満潮時に流入してくる汽水域である⁽⁸⁾。

さて、川港に関する史料をあげよう。

一、御年貢津出之儀、以前ハ筑前博多迄八里之所津出仕候付、道法遠ク往
　来又ハ其前後ニ牛馬休せ候共ニハ四五日之日数掛り候間、百姓殊外不勝
　手ニ御座候、依之先年訴訟仕候而領分之内水屋与申所之船場迄津出仕候、
　(後略)⁽⁹⁾

これは宝永7年(1710)の幕府の巡検使による視察の際の答弁書である。これによると、近世の田代領(対馬藩領)では、対馬に年貢米を送る際に博多を経由していたが、陸路では遠く、牛馬を休ませると4、5日かかり「不勝手」であったので、訴え出てこれをやめ、有明海ルートを採用したという。延宝5年(1677)に整備されて御年貢津出場になったのが、大木川(筑後川支流の宝満川支流)に面した水屋(水屋浜：佐賀県鳥栖市水屋、江戸期には宝満川と薩摩街道との接点)であった。

ところで、この水屋の対岸に高田という集落がある。ここには中世の流通活動を通じて巨富をなしたという「長者伝説」が残る。それは応永24〜26年(1417〜19)にかけ千栗八満宮に大般若経600巻(現在は伊万里市本覚寺蔵)を施入した高田善通という人物の存在である。彼は「善通入道」「善通禅師」とも記され、「養父郡」「高田村住人」とある。筑後川水運にたずさわることによって、大般若経600巻を施入できるだけの富を築いたのである。

さらに、水屋の正行寺には、享和2年(1802)に建てられた次のような碑が残っている。

　　　　高田大権現石碑
　　君姓高田字弾正、永禄年間人、所謂於長者類而、統領肥筑両州之内、若
　　干邑屋住於高田村也、弾正則興水屋村正行精舎也、事故有同寺縁由記矣
　　爰有君□墳墓在今茲、享和二歳次壬戌季秋、因事建一得触之神爾
　　　　従永禄元年今享和二年二百四十四歳也
　　　　　　松隈曽平治實□
　　　　　　　　　　　　　　　　建石
　　　　　　□　　茂平包平

これによると、水屋村正行精舎(正行寺)は永禄元年(1558)に「長者」と称

された高田大権現(高田弾正)が再興したものであると伝える。碑文では高田弾正は「統領肥筑両州之内」とあり、肥・筑両州の流通活動の「統領」であったという。高田弾正は先の高田善通の後裔であろう。永禄年中は筑紫氏の最盛期にあたり、水屋を拠点にした高田氏は豪商として筑紫氏の物資需要に応えていたと考えられよう[10]。

3-2　有明海から諸地域へ

前項で、高田弾正は肥・筑両州で流通活動を展開した水運業者としたが、筑後川川港・河口域を中心とした交通通商は具体的にどのような範囲であったのかを検討したい。

　　藤津之分
　　能古見　（中略）
　　（塩田）
　　しおた
　　　　常在寺　　おひ　あふき　木皿五ツ
　　　　　　　　（帯）　（扇）
　　　　　　　　（線香）
　　　　　　　　せんかう　　□
　　（肥後）（高瀬）
　　彼後　たかせ屋と与七殿　　おひ　小刀　たる
　　（豊後）　（沖の浜）　　（掛屋）　　　　（樽）
　　□んこ　おきのはま屋とかけや与三左衛門殿

　この史料は永禄4年に伊勢神宮の御師が、肥前の得意先(旦那)を巡って歩いた際に、各旦那に配布した土産品などを記した『肥前日記』[11]のうちの藤津(佐賀県鹿島市)の部分である。これによると当時藤津には、肥後国高瀬(熊本県玉名市)の「高瀬屋と与七殿」、豊後の沖の浜(大分県大分市)の「沖の浜屋」そして「掛屋」(両替商)の与三左衛門が常駐していたことがわかる。このうち高瀬は有明海に面した港町であり、1562年に明で刊行された『籌海図編』にも記される。さらに、天正4年(1576)頃、大友宗麟が家臣の城氏にポルトガルから輸入された石火矢を請け取りに行かせた港町であり、当時海外貿易が盛んであった[12]。また、豊後の沖の浜は大友宗麟の本拠地である大分の外港の一つであり、やはり南蛮貿易船が入港する国際貿易港であった。このように藤津は、遠くは肥後や豊後の国際貿易港(都市)とも結ばれていたのである。

　なお、藤津は永禄10年の『肥前日記』には、「まちの衆」として20名ほど

の人名が記載され、同11年の『肥前日記』には両替商である「はかりや二郎兵衛」が見られるなど、町場としての機能を持っていたのである。

ところで、先の高田の大般若経600巻の転移を見ると、千栗八幡宮に施入された後、大永5年(1525)には藤津郡鹿島の荘厳院へ施入され、天文6年(1537)には法輪山妙泉寺(比定地不明)、元文4年(1739)には松浦郡無怨寺(比定地不明)、大正4年(1915)に現在の伊万里市の大円山本覚寺に伝えられる。この大般若経の転移は藤津商人の肥前国内での流通活動の範囲を反映しているが、その元になったのは高田・水屋・千栗の筑後川河口にある川港である。

ちなみに、千栗が河港として機能していた史料として以下のものがある。

　　　至肥後兵粮三千石被遣之候、従小倉ちりく迄中途にて、黒田勘解由森壱岐守手前より、其方請取、ちりくへ相届、龍造寺民部太輔ニ相渡、船にて早々熊本浦迄相着、検使共ニ可相渡由、可被申付候、(中略)

　　　　　　二月廿日　　(秀吉朱印)

　　　　　　　小早川左衛門佐とのへ

豊臣秀吉の時代、天正16年(1588)の肥後の国衆一揆の際のものである。秀吉は小早川隆景に対し、小倉と千栗の間(陸路ヵ)で兵糧米3,000石を黒田勘解由・森壱岐守から受け取り、千栗の龍造寺政家に届け、そこから船積みして筑後川を下り、有明海を経て熊本に輸送するように命じている[13]。千栗が筑後川の川港の役割を果たし、ここから有明海に向けて物資が輸送されたのである。

ここでは筑後川水運を利用した輸送の実態がわかった。水屋と千栗が川港として利用されたこと、さらに有明海を利用した物資輸送のあり方もここではみることができた。

次に陸路上に成立する「町場」について検討したい。

4　町場の成立

16世紀の鳥栖地域で文献上確認できる「町」は2つ、田代町と瓜生野町である。

4-1 田代町

田代町は、先述のように肥前と筑前・筑後との国境に近く、ここからは、中世の薩摩街道が分岐するなど交通の要衝である。江戸期の明暦元年(1655)に道路の付け替え工事があり、田代宿の問屋場(現在の伊勢神社の手前)から鍵型に南進するようになる。しかし、それ以前は直進し、宿町・蔵上を経て南進して長崎街道と交わる。また、筑紫氏の本城である勝尾城の城下町「新町」は、田代からの街道をそのまま西へ約4km直進したところに位置する。

ところで、田代町の史料上の初見は『天正十二年(1584)御参宮人帳』[14]である。ここには、「八人　筑後国三原郡いたい衆」(現在の福岡県小郡市大板井・小板井に比定)とある参宮人グループの1人「艮　三文目　西依右近丞殿」の注記に「ひぜん田代町きやふ郡」とある。これによって16世紀後半に田代に「町」が形成されていたことがわかる。同時に重要なことは、彼が筑後の板井衆のグループに加わって参宮できたことであり、それには国境を超えた二者間交流の組織が存在したためと考えられる。とくにこの地域は3国国境地域であり、とくに田代と板井は甘木から秋月を経て小倉へと通じる街道で結ばれていた。また、『天正十七年御祓賦帳』[15]には、「木屋ぶ田代町」の項に「小刀・ぬさ」を与えられた人物「京屋二郎衛門殿」がいる(名前が二重線で抹消されているが)。京都との取引のある商人が田代町に存在したことを推測させる[16]。

さらに、『慶長二年御参宮人帳』には、「田白町衆」として独自に3名の集団で田代町から参宮をしている。

なお、田代町には筑紫氏と関係のある寺社がいくつか存在する。各々の成立については以下のようである。

・西清寺:『存置寺調　長崎県下肥前国　基肄郡田代村』(明治23年4月)所収の「紫友山西清寺開基之由緒　附勝尾城落城之次第」によると、天正2年(1574)筑紫広門、友清左馬太夫に再興させ、菩提寺とする。友清の2字を山号に用いる。

・浄覚寺:天文11年(1542)筑紫村(福岡県筑紫野市)から田代に移転したという[17]。

・昌元寺:田代昌村から永禄年間(1558〜70)に当地に移転したという[18]。

88　第Ⅰ部　筑紫氏と勝尾城の歴史

・光徳寺：天文11年(1542)家臣天本右衛門尉が再興し、筑紫氏の氏寺とされ
　たと伝える(『存置寺調　長崎県下肥前国　基肄郡田代村』明治23年4
　月)[19]。
・田代八坂神社：永禄6年(1563)小郡市より当地に勧請したという[20]。
　このように見てくると、浄覚寺が当地に移転した頃(16世紀半ば)には、田
代町は筑紫氏によって整備されたといえよう。とくに町の中心的機能を果た
す市神[21]として八坂神社を勧請したことには、田代が町場として成立した
ことを示している。鳥栖地域を支配領域とする筑紫氏にとってここに町場を
整備することは、政治的にも流通政策上の観点からも不可欠であった。

4-2　瓜生野町

　瓜生野町の史料上の初見は『天正十七年御祓賦帳』[22]である。瓜生野につ
いては、鎌倉時代の正応5年(1292)の肥前国の太田文である「惣田数帳」[23]
のなかに、大宰府「安楽寺領」として「瓜生野保」が記される。また瓜生野
にある祇園社の縁起によると、鎌倉期の正安元年(1299)に山城国東山八坂
(京都)の祇園社から勧請されたという。瓜生野町は中世の主要街道上に位置
していないことから、交通上の要衝もしくは宿駅から成立した町ではなく、
瓜生野保一帯を流通圏とする市場(「荘園市場」)から発展したものであろ
う[24]。
　さて、瓜生野町については、『慶長十年(1605)御参宮人帳』と『養父郡惣
社祇園宮縁起』(慶長15年)からその実態がわかる。以下に史料を掲げる。
〔史料A〕『慶長十年御参宮人帳』
　　　八人肥前国養父郡う里うのまち
　艮子　　六匁　　永楽六百文　　青木又左衛門殿＊
　同　　　拾匁　　御言伝　　　　飯田新右衛門殿ヨリ
　同　　　壱匁　　御言伝　　　　たかのへ村　　□富九郎ヨリ
　同　　十二匁　　　　　　　　　今村新右衛門尉殿＊
　同　　　三匁　　　　　　　　　近六殿
　同　　　二匁　　　　　　　　　江藤林右衛門尉殿
　　　　　　　　　　　　　　　　御名代勝左衛門殿

艮子　拾八匁三分　　　　このミ彦左衛門殿＊

　同　　　二匁　　御言伝　弥次郎殿ヨリ

　同　　　三匁　　　　　　新右衛門尉殿

　　　　　　　　　　彦左衛門殿小者衆

　　　　　　　　　　平左衛門尉殿

　　　　以上

　　　　慶長十年三月九日

〔史料Ｂ〕『養父郡惣社祇園宮縁起』[25]

　　（縁起文面省略）

　大檀那羽柴対馬侍従平朝臣義智

　郡司柳川豊前守平朝臣智永

　代官古藤三郎左衛門尉源信政

　　　　願主　　　当郡総庄屋有馬右衛門尉信康

　　　　当町別当　平岳又次郎寿家

　　　　座親　　　青木又左衛門＊

　于時慶長十五年庚戌潤弐月十三日

　　　　町中衆　　許斐彦左衛門＊

　　　　　　　　今村新右衛門尉＊

　　　　　　　　青木勝左衛門

　『慶長十年御参宮人帳』の＊印を付けた３名は、『養父郡惣社祇園宮縁起』のなかの＊印の３名と一致している。慶長10年にはるばる伊勢参宮を行った人々は、銀２匁から18匁３分を支出できる富裕者であり、町が彼らによって構成されていたといえる。また、江戸期には全国的に町役として「別当・座親・町年寄」（町中衆）が置かれた。瓜生野町ではすでに慶長15年の『養父郡惣社祇園宮縁起』に「総庄屋」「別当」「座親」と「町中衆」の存在が指摘できる。これは筑紫氏の政策・制度として実施されたものであるのか、自律的な組織・運営として成立したものであるのかは不明である[26]。

　瓜生野町の景観を考える手がかりとしては、発掘調査報告書『京町遺跡』（京町遺跡は中世の瓜生野地域にあたる）などがある[27]。この遺跡からは中世後期の掘立柱建物群が検出され、この地域に町場が形成されていたことを

90 第Ⅰ部 筑紫氏と勝尾城の歴史

裏付ける。とくに注目できるのは、二筋の溝に挟まれた幅7mの通路が検出されたこと。さらにこの溝の背後には、多数の小穴が並び、掘立柱の平屋建物が並んでいたと想定されることである。この建物群はいわゆる掘立小屋のような簡素なものではなく、定住のできる、ある程度しっかりした構造物だと考えられている。またこの建物群の屋根の構造については、遺構検出時および溝の中より、人頭大の塊石が少量ながら出土していることから、板屋根を石で固定した形式が想定されている。

なお、出土遺物には、馬上杯、中国龍泉窯産の青磁浮遊環瓶(花瓶)、白磁の碗・染付碗、天目茶碗、国産陶器の皿・土師器・杯・皿・すり鉢などの食膳具、火鉢、壺などが出土している。その他、庶民の日常生活用品とはいえない外国産愛玩品の類が出土しており、居住者の経済的余裕を類推させる。以上のことから、瓜生野町が商工業者を中心とした町であったことは間違いない。

4-3　勝尾城下町町屋

現在の地形図をみると、勝尾城の麓に「新町」という地字を見つけることができる。ここから勝尾城下町町屋跡が発掘された。

調査の結果、「町屋」はおよそ200mの直線道の両側に、片側約40軒、合計80軒ほどの家屋が立ち並んでいたこと(短冊形地割、柱穴群)がわかり、焼けた痕跡も確認された。なお、出土品には陶磁器類などの土器の破片に混じって、火縄銃の弾も出土した[28]。文献上では、『長谷部越前自記』に「筑紫方の町口を打破り、板城戸ニて致一合戦宛」とある。町屋区画が「板城戸」で仕切られていたことがわかる。また、『北肥戦誌』の「筑紫広門没落の事」には、「勝尾の城の麓新町□焼払う、夫より諸勢相続いて、広門の居館を初めて小路々々、其外処々の塹垣打崩し残る所なく放火し」と記される。

この「新町町屋」は勝尾城への必要物資の供給地(兵站基地)として成立した町屋であろう。これに対して前述のように16世紀に成立した町場の田代は、交通の要衝に立地する基肄・養父両郡を経済圏とする市場であった。筑紫氏はこの町場田代と自己の城下町「新町」とを直線道路で結び「新町町屋」への物資供給地としての役割を町場田代に担わせていたと考えられる。

5 筑紫氏の流通政策

5-1 市立て

16世紀半ばに田代の町場化がなされるにあたり、前述したが「市神」とし
て祇園社が勧請されている。

この市神の勧請・新町立てについて、筑紫氏の家臣である筑後国八丁嶋
(福岡県久留米市)の城主岩崎氏が所持する自家の記録『岩崎家記録』[29]に以
下のような記述がある。

> (前略)筑後之国内上妻郡を筑紫牢人分にくたされ、其ノ刻上妻郡川崎ニ
> 新町立てられ、まへまへひきつけれ(ママ)にまかせ、市夷八丁嶋町別当座親に
> 申しつけられ、其節筑紫家老衆よりの御書面是也、まへまへより筑後国
> 新町市祭りの次第巻物、薩摩陣之時、八丁嶋町とも焼き払い候と言、
> (後略)

この文面によると、天正15年(1587)、秀吉の九州平定後に九州の国分けが
行われ、筑紫氏は筑後国上妻郡を与えられた。筑紫氏は領国経営のため上妻
郡川崎町に新町を立てることとし、その市の開設を「市夷八丁嶋町別当座
親」の岩橋氏に命じた。それについて筑紫氏奉行人から出された書状(『岩崎
家記録』)が以下のものである。

> 河崎町たて申候、然者来八日市まつり儀定候、其許衆被相催、八日ニハ
> 早々御出待申候、別而御馳走頼存知候、恐々謹言
> 卯月三日
> 　　　　　　　　　　　木村備前守　　治猶　　(花押)
> 　　　　　　　　　　　森山佐渡守　　貞俊　　(花押)
> 　　　　　　　　　　　屋山隼人佐　　恒安　　(花押)

この書状には宛先がないが、岩崎氏に出されたものと考えられる。筑紫氏
の3名の奉行人によって出された書状の内容は、河崎町の市立て(新町立て)
を来る8日に行うので、「其許衆」を連れて参加するように命じたものであ
り、市立ての神事を岩橋氏が執り行っていたことがわかる。前掲史料には岩
橋氏は「市夷八丁嶋町別当座親」であり、『筑後国新町市祭りの次第巻物』
を所持して市立ての神事を執り行っていたことが記されている。一般に市神

を祀る神主は、毎年正月に行われる市祭りで「市場の祭文」（祝詞）を読み上げた。その祭文の記された巻物が、岩橋氏が紛失したという『筑後国新町市祭りの次第巻物』であろう。

5-2　過書の発行（所領内交通の管理・支配）

　年未詳だが「諸関奉行中」にあてた嶋鎮述発行の過書が『嶋井家文書』中に現存する。以下のものである。

(端裏書)
「諸関奉行中」

　御領中関所之事、至嶋井宗叱被成御免許候、無異議可有勘過候、恐々謹言

　　　　　十月十四日　　　　　嶋拾右衛門尉
　　　　　　　　　　　　　　　　鎮述（花押）

　過書とは、関所の自由通行（関銭免除）を保証する通行証である。筑紫氏の重臣嶋氏が博多の豪商嶋井氏に対して、筑紫氏の「御領中関所」すべてに対して通行の自由（関銭免除）を保証している。当時の中小領主は自領内に存在する交通路に関所を立てて通行料（関銭）を徴収した。その数は前述『中書家久公御上洛日記』にあるごとく夥しいものであって、商人にとって関銭は多大な出費であり、煩いであった。そのため過書の獲得は、利益を追求する商人にとって不可欠であった。他方、郡規模以上の所領を持つ上級領主は、領域内の自由通行を保証することで、自己の支配領域内の物資流通を管理・支配した。筑紫氏も同様の政策を実施していたのである。

　さらに、これも年未詳だが、太宰府天満宮社家大鳥居信渠あての筑紫良仙書状には、筑紫氏領内の通行に関する以下のようなものがある(30)。

　　（前略）然者、隈村社納物之儀、為此方聊不被存疎略候、（中略）鎮恒領内荷物往返之儀、可有如何哉之由預御尋候、社物可被下遣事、不可有口能之儀候、御調次第被召下候、

　　　（中略）

　　　　　九月廿八日　　　　　　　　良仙（花押）
　　　　　信渠参御返報

　筑紫氏の重臣筑紫良仙（栄門）は、天満宮領隈村（筑紫野市）からの「社納

物」について、少しも粗略に扱っていないこと、また信渠から筑紫鎮恒(広
門)の領内での荷物の往辺についてどのようにすべきかとのお尋ねがあった
が、「社物」であるならば説明の必要はなく、荷物が整い次第送るように、
と述べている。「社納物」は太宰府天満宮への年貢物であろうか。この書状
から、太宰府天満宮に対しても過書の発行がなされていたと推測される。

　ところで、寺社の年貢物に対する関銭の免除は、当時の社会では一般的に
知られる事である。他方、先述の嶋井氏のように特定の商人に対する関銭免
除の特権付与は、商人と領主の特別な関係を推測させる。嶋井氏は海外貿易
も行う商人であり、当時戦闘に不可欠な火器類の輸入も行っていた。嶋井氏
のような特権商人は、領主の武器調達・資金調達・情報収集などの領主の要
求に応えられる者であり、御用商人と呼ばれる。嶋井氏は豊前の大友氏とも
結びついており、「分国中津々浦々、殊津内諸御免之御書之儀、重々申調」
(『嶋井家文書』)(31)との過書を所持していた。大友氏は嶋井氏に対し、軍事
物資の調達はもちろん、牛黄などの漢方類、茶道具などの舶来品・奢侈品な
どの調達も依頼している。

　筑紫広門と嶋井氏との関係も同様な関係が考えられる。『嶋井家文書』の
なかに広門から嶋井氏にあてた起請文(神文)が残る。

　　　今度対当家聊無別儀、至他家他方、邪之批判等不可申妨之通、以神文被
　　　顕底心候、
　　　殊数奇道之儀、可然之様可有心懸之由、一段令祝着候、宗叱為一於無偽
　　　者、為此方茂叱　身躰ニ付而、聊不可存疎意候、何様深重可申合候、若
　　　此旨於相違者、
　　　日本国中大小神祇、殊当国鎮守千栗八幡大菩薩・筥崎八幡大菩薩・天満
　　　大自在天神之御　罰可罷蒙候、恐々謹言
　　　　　　　　　　二月廿五日　　　　　　　　　　　　広門(花押)

　この神文では、嶋井氏と広門は両者の意志の共有は勿論「数奇道」につい
てお互いに疎意にならざる様に深重に話し合うとしているところが、注目さ
れる。戦国大名と御用商人との神文の交換もめずらしいが、その内容が茶道
に関することに重点が置かれていることは稀有の事例である。両者の絆が経
済上の利害を超えた精神的な繋がりにまで昇華していたといえようか。

94　第Ⅰ部　筑紫氏と勝尾城の歴史

6　おわりに

　以上みてきたように、戦国期の鳥栖地域は、北部九州地方内の東西・南北の陸路が交差する交通の要衝であり、さらに、陸路は肥前・肥後・筑前・薩摩との交通が確保されていた。また当地域は、筑後川を利用して有明海に出ることができ、その活動範囲は九州各地と結ばれていた。それゆえ、ここに町場が成立し、高田善通のような富裕商人が活躍したのである。

　このような鳥栖の地理的優位性を活用した筑紫氏は、関所の設置、過書の発給によって流通を掌握した。とくに流通支配にとって不可欠な存在である御用商人には、博多の嶋井氏を起用した。嶋井氏は海外交易にも乗り出していた商人であり、戦争に必要な火器類の調達にも応じることができた。

　一方、筑紫氏は勝尾城の麓に新町を形成し、勝尾城地域での必要物資を賄う体制を構築した。ただし近世大名と違って自己の城下町への商人誘致ができるほどの権力を持てなかったことから、既存の町場を活用することとしたと考えられる。それが田代町である。田代町と新町は約4kmの直線通路で結ばれていた。この田代町は、瓜生野町の例から推量して、16世紀後半には町としての組織(町方三役の存在)が整っていたと考えられる。

註

（1）『永野御書キ物抜書』（武雄市教育委員会所蔵）。
（2）『北肥戦誌』には「国府とは小城をいひ、府中とは佐嘉をいふ」とある。千葉氏の居城小城城が国府であり、守護所が佐嘉にあったという。詳細は不明だが、千葉氏が権力を握っていた一時期、小城城が国府の役割を果たしていたのだろうか。
（3）『鳥栖市誌　第2巻』（鳥栖市教育委員会、2008年）371頁。
（4）長野暹編『佐賀・島原と長崎街道』（吉川弘文館、2003年）65～66頁。
（5）峠の開削は慶長16～17年。『鳥栖市誌　第2巻』507頁。
（6）『鳥栖市誌　第3巻』（鳥栖市教育委員会、2008年）165頁。
（7）『豊前覚書』。
（8）石橋新次「戦国時代の道」（『新鳥栖学Ⅲ』鳥栖市教育委員会、2011年）。

（9）「御巡見上使御問被成候時御答可申上覚書　中　宝永七年七月十八日」（『対馬藩田代領関係文書1』所収）。

（10）肥前龍造寺氏や鍋島氏に仕えた豪商の平吉氏は、有明海の嘉瀬津を拠点として海外交易にも参加した。高田氏も同様の性格をもった戦国期の豪商であったと考えられる。鈴木（宮島）敦子「近世的御用商人の成立」（『佐賀学Ⅲ』海鳥社、2017年、所収）。

（11）神宮文庫蔵。『肥前日記』は、永禄4・10・11年の3冊からなる。永禄4年の表紙には、「肥前之国之日記　永禄四年十二月吉日かの　とりのとし　宮後三頭大夫」とある。

（12）南蛮美術館所蔵。

（13）『小早川家文書』436（『大日本古文書11-1』所収）。

（14）天理大学附属図書館蔵（『佐賀県近世史料　10編5』所収）。ここで扱う『御参宮人帳』は橋村氏を御師とする伊勢神宮参詣者の名簿であり、肥前・筑後両国からの参詣人数、参詣者グループの居住地、初穂料の額や物品、参詣年月日を記したもの。天正10年から元和9年までのうち、肥前国内については20年分が残存しているが、欠落部分が多い。

（15）天理大学附属図書館蔵。天正17年に肥前地域の伊勢神社の檀那に、御師が御祓札と御土産を、配布して歩いた際の帳簿である。巡回した順序に地域名・檀那名・配布品が記入されている。

（16）延宝9年(1681)の『御巡見　上使御問庄屋年寄返答之書附』によると、両町の市に来る者は田代領が3か国中に位置しているので、筑前・筑後・佐賀領など、遠方の者は上方や長崎の者が通りがけに商いをすることがある、と記す。京都から下ってくる商人の存在はそれほど珍しいものでは無かったといえよう（『鳥栖市誌　資料編　第八集　対馬藩田代領関係文書1』所収）。

（17）『存置寺調　長崎県下肥前国　基肄郡田代村』明治23年4月。

（18）『鳥栖市誌　第5巻　生活民俗編』（鳥栖市教育委員会、2009年）。

（19）『鳥栖市誌　第5巻　生活民俗編』。

（20）『鳥栖市誌　第5巻　生活民俗編』。

（21）延宝9年(1681)の『御巡見　上使御問庄屋年寄返答之書附』（『鳥栖市誌　資料編　第八集　対馬藩田代領関係文書1』）には、田代領に幕府の上使が巡見した際に「庄屋年寄と交わした問答」が記録されている。その中に田代・瓜生野両町に祇園社があり市立ての「規式」がある、としている。ここでは田代・瓜生野両町の市神は祇園社であり、「規式」に乗っ取って市神の祭りが執り行われていた。

古来人々は品物に所有者の魂が込められていると考えた。そのため品物を売買するには品物と所有者の魂を切り離す必要があった。そこで品物を「聖なる場」に一度置き「神の物」（世俗のしがらみから自由となった品物＝「商品」）とすることで売買を可能とした。品物＝「商品」の売買・交換の場は一般には市場である。この市場が「聖なる場」となるには、そこが神との関わりの深い場所でなければならない。すなわち門前市の始まりである。こうして市場には市神が祭られ、市祭りが定期的に催されるのである。拙稿「中世後期における市立て・座支配権とその解体」（鈴木敦子『日本中世社会の流通構造』校倉書房、2000年、所収）。

(22) 天理大学附属図書館蔵。

(23) 『河上神社文書』（『佐賀県史料集成　一巻』所収）。

(24) 荘園市場については、鈴木敦子『日本中世社会の流通構造』（校倉書房、2000年）に詳しい。

(25) 『養父郡総社祇園宮縁起』（秋葉町古賀家文書）。

(26) ルイス・フロイスは『日本史』のなかで、「島原の町に別当という名称を持つ人物がいた。彼の職掌は(各)町内を見廻ることであった」としるしている。また、キリシタン版『日葡辞書』では、別当を「町村の重立った役人」と解説している。別当・座親・町中衆などの「町村の重立った役人」は、本来は自律的に町を運営する組織であったと考えられるが、15世紀後半には領主によってその支配下に置かれていたのではなかろうか。

(27) 『鳥栖市文化財調査報告書　第9集　小原遺跡』（鳥栖市教育委員会、1981年）。『鳥栖市文化財調査報告書　第54集　京町遺跡』（鳥栖市教育委員会、1997年）。『鳥栖市文化財調査報告書　第71集　西浦遺跡』（鳥栖市教育委員会、2004年）。

(28) 『鳥栖市誌　第3巻』334〜335頁。

(29) 『久留米市史　資料編　中世』『岩橋家記録』によると、勝尾城主筑紫氏の家臣である八丁島城主岩橋氏は天正14年の島津氏の勝尾城攻めに際して、自身の八丁島城を焼き払い勝尾城の攻防戦に参戦した。

(30) 『太宰府天満宮文書』。

(31) 『嶋井家文書』。

国史跡「勝尾城筑紫氏遺跡」と市民の声

1　勝尾城筑紫氏遺跡について　　　（鳥栖市牛原町）　才田　良美

⑴勝尾城筑紫氏遺跡との出会い

　私は、現在牛原町に住んでいますが、生まれ育ったところは山浦町字新町です。私が勝尾城筑紫氏遺跡の規模の大きさに驚いたのは、昭和63年ごろから平成３年ごろにかけて実施された圃場整備に伴い、発掘調査が始まった時からです。今まで水田として耕作していた場所から、「惣構空堀のＶ字型に掘り下げた規模の大きさと長さ」それに「数十軒規模の町屋跡」が出てきたからです。

　このように、身近な場であったところが、圃場整備に伴う発掘調査で城下町跡として姿をあらわし、あらためて筑紫氏遺跡のその規模の大きさにびっくりしました。

⑵勝尾城筑紫氏遺跡見学会について

　発掘調査により遺跡の全体像が見えてから、遺跡見学会がたびたび実施されるようにはなりましたが、本格的には、鳥栖市制50周年記念事業として、平成16年度に筑紫氏遺跡のうち「葛籠城跡」の見学会が実施されてからです。

　地元牛原町の役員をしていた私としては、牛原町として何かお手伝いできないものかと、協議した結果、①会場設営や駐車場誘導その他見学会案内補助、②にぎりごはんと豚汁での見学者接待、というような形で、地元牛原町として、応援することとなりました。

　市制50周年記念見学会が多くの見学者の来訪を受け、次年(17年度)からは「勝尾城筑紫氏遺跡見学会実行委員会」を組織して、春(勝尾城遺跡)と秋(葛籠城跡)の年2回見学会が実施されるようになり、現在に至っております。

　このように平成16年度から地元牛原町として協力してきましたが、市制60

周年の平成26年度で、諸般の事情等から、協力できなくなりました。現在では、「勝尾城遺跡を守る会」のみが地元として協力しています。また主に、活動されているのは、市内「ボランティアガイドふるさと元気塾」の皆様です。

(3)勝尾城筑紫氏遺跡の保存活用等

　勝尾城筑紫氏遺跡は、平成18年に国史跡の指定を受けました。その後、保存管理計画や整備基本計画等が策定されて、それに基づき、遺跡用地の公有化や保存整備に向けて、関係者のみなさんは、誠意努力していただいているところですが、地元一住民として、思いつくことを次のとおり提案させていただきます。

①遺跡の保存整備活用と見学会

　国の史跡指定を受けてから、はや10年が過ぎましたが、もっと早く住民の目に見える形での整備ができないのだろうか？と思います。

・勝尾城(本城)や葛籠城など、重要な遺跡をもっと見学者目線で整備する。

・見学する遺跡は、四季を問わずだれでも見学できるように整備する。

・コースの道順をもっとわかりやすく案内板を設ける。

・遺跡の説明板を大きくする(トレンチ調査などの図面を説明板に入れる)。

・見学会等の運営をサポートするボランティア団体を創設する。

・見学会と四阿屋神社御幸祭(獅子舞)をコラボさせる。

②四阿屋神社駐車場一帯の公園化

　勝尾城遺跡や葛籠城跡など筑紫氏遺跡の見学は、四阿屋神社駐車場が集合場所で、出発点です。この駐車場は、夏は四阿屋神社境内(四阿屋川)での「水遊び場」に、一夏約3万人が鳥栖市内外から来訪する駐車場でもあります。春秋の遺跡見学会や夏休み期間中は、いつも駐車場が不足しております。また、トイレも不足しています。

　これらを解消するため、駐車場を広げ周りに植栽をして、案内所や事務所の建屋を設け、休憩用のベンチも設け、トイレを整備し、「勝尾城筑紫氏遺跡公園」として、公園化を是非実現してもらいたい。公園化の問題は、鳥栖市全体として取り組んでほしい。

ここは、鳥栖市有数の観光地です。今のままでは、市民として、はずかしいです。

先人達が残してくれたすばらしい遺跡を鳥栖市民が大手を上げて誇れるものとするためにも、皆様のご協力をお願いします。

2　鳥栖の誇りを未来に残すために　（鳥栖市本鳥栖町）　下田　寛

私が鳥栖市議会議員として活動させていただくようになったのは平成21年からです。それまでは、隣接する四阿屋遊泳場については、夏になると多くの来場者で賑わっていることからよく知っておりました。しかし、その直ぐ傍の城山一帯を拠点とする勝尾城についてはほとんど知りませんでした。また、当時の先人達や、遺跡保存に向けてご尽力されている方々の思いが詰まっていたことを詳しく知るようになったのは、恥ずかしながら最近のことです。「足元に、こんな凄い遺跡があったのか‼」。初めて勝尾城を知った時、感動し興奮したことを今でも覚えております。

その後、元鳥栖市教育委員会の石橋新次氏の先導のもと、城山を散策し、過去の国史跡認定までの経緯などについてご教授いただきました。

先日、勝尾城ワークショップに参加させていただきました。そこでは、長年のファンの方々が多く参加されており、とても熱気ある議論となりました。その議論の中では、

・多くの人々が親しめる仕掛け作りが出来ないものか？
・「歴史×環境×教育×子育て」が連動したスポット作りが出来ないか？
・年２回の見学会以外でも、手軽に足を運べる仕掛けを作ることは出来ないか？
・山の上にある勝尾城まで登ることは厳しいとしても、葛籠城を目的とした仕掛けができないか？
・子供の遊び場として、四阿屋と連動出来ないか？
・勝尾城ならではの写真撮影スポットが構築できないか？
・小中学校教育・大学・市民活動や、他の観光地や歴史施設等との連動は出

100　第Ⅰ部　筑紫氏と勝尾城の歴史

来ないか？
・効果的な広報やＳＮＳの活用は出来ないか？
などの意見やアイデアが出されました。

　この広大な遺跡を整備することは、当然大きく期待する反面、予算や整備イメージなど、整理すべき課題はありますが、幸いにも様々な可能性を検討する余地はまだあるようです。

　現在の鳥栖市は、人口減少時代にも拘わらず、順調に人口が増え続け、九州の交通拠点として存在感が益々増している自治体です。そのような鳥栖市だからこそ、鳥栖の誇るべき歴史を真剣に見直し、後世にしっかり伝えていくという、大人達の志が問われています。

　また、今回開催されたシンポジウムを機に、勝尾城筑紫氏遺跡が、地域に愛され、未来に誇れる宝となることを心から願っております。そして、鳥栖市がこれまで30年にわたって検討作成してきた遺跡の保存、整備計画を、改めて多くの市民の皆様や専門家の叡智を結集し、未来に誇るべき佐賀県の宝として事業が進められることを心から望むとともに、引き続き私も微力ながら協力、支援に努めて参りたいと考えています。

　３　勝尾城筑紫氏遺跡の整備と活用　（鳥栖市儀徳町）　田中　健一

　鳥栖に住んで35年になりますが、国史跡勝尾城筑紫氏遺跡との巡りあわせは、ボランティアがきっかけでした。鳥栖市が開催した文化財学習会アドバイザー・地域再生マネージメントコーディネーター研修を基に、平成19年(2007)に史跡のボランティアガイド等を行う「ふるさと元気塾」が発足し、当初から参加させていただきました。

　勝尾城筑紫氏遺跡では春と秋の年２回、見学会を開催していますが、初めてお客様をガイドした時の大変な緊張は今でも覚えています。これまで見学会にお越しいただいたたくさんの方々をご案内しましたが、石垣や空堀・曲輪などの遺構を見て、「こんな素晴らしい城跡が残っているんですね」、「初めて知りましたが凄いお城だったんですね」、「また訪れてみたいです」、な

どのお声をいただくと、ボランティア冥利に尽きます。

　見学会のガイドを始めた当初、勝尾城主郭付近や葛籠城の空堀などは、まだまだ鬱蒼とした暗い雰囲気でしたが、市や九千部クラブの皆さんによる定期的な伐採・整備作業のおかげで、現在は雰囲気が明るくなり、お客様をご案内しやすくなりました。山城という史跡の性質上、継続した伐採や整備作業は欠かせないため、今後の予算や人手は課題の一つではないでしょうか。

　また、見学会参加者の方々とお話すると、史跡を安心して見学できるような登山道・標識・トイレの整備といった要望もいただきます。見学会など史跡の活用というソフト面は、史跡の整備というハード面と相互に行われてこそ成果が上がるものと考えますので、市の政策を見守るとともに、ボランティア・市民側からも提言をし、協働出来るところは積極的に関わっていきたいと思います。鳥栖市は道路や鉄道などの交通環境に恵まれており、市外・県外から勝尾城「も」見に来られる方が多いのですが、いつの日か勝尾城「を」見に足を運んでいただけることを目指しています。

　ここで自分自身を振り返ってみますと、幼少期に通った「ちくし幼稚園」の園長先生は筑紫先生でしたし、夏休みには城山のふもとにある四阿屋神社まで水遊びによく連れて行ってもらいました。勝尾城があった「じょうやま」は、中学・高校の遠足や登山で親しんだ山でした。このように、実は鳥栖に住む人々の身近に勝尾城や筑紫氏は存在しているのですが、あまり鳥栖市民に知られていないのが現状です。

　鳥栖市には田代太田古墳や安永田遺跡などの古代遺跡、田代宿・轟木宿を通る江戸時代の長崎街道、重要な近代産業である鉄道遺産と、地域の核となる歴史・文化が多く所在しますが、戦国期の山城である勝尾城筑紫氏遺跡も同様に位置づけて、鳥栖市民がより関心を持てるよう広報普及活動を進めていかなければと思います。

　平成30年(2018)6月から7月にかけて勝尾城筑紫氏遺跡のワークショップが開催され、私も参加させていただきましたが、多くの参加者から様々な意見や提言があり、皆さんの関心の高さがうかがえました。勝尾城筑紫氏遺跡が「鳥栖の宝」であることを多くの方々と共有し、まず出来ることから取り組むことが「私たち」に必要だと感じています。

4 甦れ筑紫氏館跡 夢よ、叶え （鳥栖市原町）中山 悟

　勝尾城が脚光を浴びたのは、鳥栖市が発掘調査を始めた30年前の昭和63年のことです。戦国時代、此の地を支配した筑紫氏の館や、家臣団屋敷・石垣、強固な防御ラインを築いている長大な土塁と空堀などが、セットとして土の中から400年の時空を超えて姿を現したのです。

　我国の戦国末期の城下町の在り方と歴史を考える上で重要な城館跡として、貴重な資料であることが判明、学術的に高い評価を得ました。町は大フィーバー、熱気に包まれ、ロマンに酔い、鳥栖市民の財産だと認識されました。

　さて、30年後の現状はどうでしょうか。春・秋、年2回の見学会の参加者数は、年々伸び悩み、担当部署や支援のボランティア団体は毎年苦慮しているのが現状のようです。市民の意識も今ひとつ期待ができません。

　要因は多々あると考えられますが、一つにはメインとなる筑紫氏館が廃墟で建物が実在していないことだと思います。存在していない虚像を存在する実像に変えることは、近くの唐津城天守閣や吉野ヶ里遺跡、遠くは福井の一乗谷遺跡に前例があり、その存在感を示していると心得ています。

　調査によれば、筑紫氏館には主殿・会所・台所・庭園などがあったと考えられています。出来れば、主殿・会所などの筑紫氏館の再現と虎口の復元を含め、周辺の整備を行い、当時の趣を醸し出してほしいと思います。その景観は見る人に感動を与えることができます。

　それによって、観光スポットができ、新しい観光コースの設定や、発掘資料の展示、小中学生には学習の場として活用することも可能です。また、華やいだ観桜会、秋の観月会、薪能などは、古城ならではの幽玄の世界へ誘ってくれるでしょう。茶会などの多くのイベントの場も提供できます。

　勝尾城の長大な石垣に、葛籠の二重の土塁と深い空堀、再現された筑紫氏館……、役者は揃いました。想像するだけで身震いしそうです。

　夢が正夢であってくれることを切に願っています。

5 鳥栖市民からみた勝尾城 （鳥栖市本鳥栖町）藤波 誠司

　私は鳥栖で育ち今現在も鳥栖に住んでいます。そんな私から見た勝尾城の感想を寄稿致します。小さい頃は、夏になるとよく四阿屋遊泳場に家族で遊びに行っていました。私は小学生の頃から歴史（当時は特に戦国期）に興味があり、近隣は森林に囲まれ、更に奥には高い山が控えるこの地域は、山城を作るのには持ってこいだと父親に話していたそうです。

　そんな私が、勝尾城の存在を知る事になったのは、中学の剣道で年末に年越し稽古を行った後、初日の出を見に城山に登ったときです。頂上に勝尾城に関する案内板があり、ここに筑紫氏の居城があって、島津氏に攻められ落城したことが記されていました。

　「この鳥栖にも戦国に纏わる物語があったのか」と興奮したのを覚えています。

　その後、元鳥栖市教育委員会の石橋新次氏に、勝尾城に関することについてご教授いただいた際に、『九州戦国史勝尾城下町―よみがえる戦国時代』という2006年10月に鳥栖市教育委員会が発行した冊子をいただき読んでいくなかで、鳥栖市にはこんなに素晴らしい歴史遺跡があることに誇りをもつと同時に、周りの友人に話をしてもあまり知られていないことに、寂しい気持ちになりました。

　今年（2018年）になりまして、葛籠城を初めて見る機会をいただきました。昔の原形を残す空堀や石垣、館跡と思われる区画が今も昔と変わらない姿で残っていました。これだけの山城の規模で考えたら、福井県にある一乗谷朝倉氏遺跡に匹敵するのではないかと思うほどでした。

　そんな勝尾城の魅力を、まだまだ伝える方法はたくさんあると思います。たとえば、史跡のパンフレットを作成し目にしやすい場所に設置し手に取ってもらう、HP・SNSなどメディアを通じて情報を発信する、筑紫氏が治めた地域の市町村と連携する、などなど。

　学びの場としての活用という点から考えれば、学校教育との連携ということで、社会科の授業での見学や山登り時に勝尾城の歴史を伝える授業をする。

地域住民と来訪者との交流の場の創出という点では、筑紫氏に関する大名行列やお祭の実施、発掘現場付近での、朝市やフリーマーケットの開催、城をイメージした公園整備や、四阿屋の整備により家族が頻繁に利用できる環境作りをするなど、ここに挙げたことはまだまだ一部の考えであり、いろいろな方からの意見を集めれば、更にいい案がたくさん出てくると思います。

また今後は、これまで30年に互って進められてきた鳥栖市の保存、整備計画について、専門家・NPO団体、地域企業や市民の方のご支援・ご協力を得ながら、鳥栖市民の誇り、宝物としてしっかり事業が進められることを願うとともに、微力ながら私も尽力したいと考えております。

第Ⅱ部

九州の史跡整備

わたしたちの首羅山遺跡【福岡県久山町】
──山の遺跡の保存と活用の一事例──

江 上 　智 　恵

1　はじめに

　古来より、山は狩りの場でもあり、木の実などの採取の場であった。また、山そのものは神であり、神話などでは、天孫降臨の場でもあり、山そのものが神様として信仰され、神域として山に入ることさえタブーな山がたくさんあった。

　長い山の歴史のなかで、山は、資源でもあり、神でもあり、寺でもあり、城でもあった。畑を作ったり、住居とする場、祈りの場であり、修行の場であった。また、尾根筋は道でもあり、様々な文化や物が行き交う場でもあった。現在は昔に比べて生活のなかでの山との関わりが少なくなってしまっている。手入れのされていない山は鬱蒼とし、昔の道もわからなくなっている山が多い。

　しかし、山に登ると、縄文時代の石器や中世の土器等を拾うことがある。この地に関わった昔むかしの人々が見たものと同じ風景を今も見ることができる。変わらない山の風景は、懐かしい故郷のシンボルでもある。丹念に紐解けば、大きな山、小さな山のひとつひとつに歴史があり、地域の信仰や言い伝えが残っているのである。

　現在国史跡となっている首羅山遺跡も調査前は、寺があったらしいという伝承が残っていたものの、植林された杉・檜の手入れもあまり行われず、荒山で、人が入ることもままならない山であった。調査前まで誰がこの山が国史跡になると思っただろう。ところが平成17年より調査を開始したところ、白磁や青磁がごろごろと藪の中にあったり、竹を刈ると礎石や石垣が姿を見せた。中世の山林寺院跡が大変よい状態で残っていることが判明し、大陸との関わりを示す遺物も発見され、調査開始からわずか8年で国史跡となった。

写真1　首羅山遺跡・山頂地区

写真2　首羅山(池上池より)

　首羅山遺跡を国史跡へという過程の中で、福岡県内の山を中心に踏査を行い、資料を蓄積したが、どの山にも歴史の痕跡が残っており、新たな発見や気づきも多くあった。例えば大野城(福岡県)では1,300年以上前の礎石を直接見ることができるし、触ることもできる。立花山(福岡県)では戦国時代の

わたしたちの首羅山遺跡（江上）　109

石垣や堀がそのまま残っている。山が野外博物館であり、本物体験ができる場であることを実感したのである。

　ここでは、中世山林寺院跡国史跡首羅山遺跡の概要と首羅山遺跡をとりまく町民の活動や活用を紹介する。

2　国史跡首羅山遺跡の概要

　国史跡首羅山遺跡は福岡県糟屋郡久山町（ひさやままち）に所在する中世山林寺院跡である。久山町は、町の97％を市街化調整区域とし、自然を保護する独自の施策をとってきたため、160万都市福岡市の東に隣接しながら、人口僅か9,000人である。九州大学と連携した50年以上にわたる健診事業「久山町研究」は世界的に有名で、成人病や認知症の解明などに大きく貢献している。

　首羅山遺跡は久山町の白山（はくさん）（標高288.9m）に位置する。最盛期には「首羅山」と呼ばれ、350坊があったと伝えられる。山の北側は久原地区、南側は猪野地区で、山頂からのびる尾根が久原地区と猪野地区の境界ともなっている。久原側の麓には白山神社と首羅観音堂が鎮座する。猪野側の麓にある天照皇大神宮は、江戸時代には「九州の伊勢」とも呼ばれ、多くの参拝客で賑わった。今なお、照葉樹林の森があり蛍の飛び交う風光明媚な聖地である。

　首羅山遺跡は、平成17年（2005）度に調査を開始し、平成20年度から、九州歴史資料館と久山町教育委員会で共同調査を実施した。調査の結果、本谷地区（ほんたに）に山の中核施設があることがわかった。12世紀前半に堂宇が建立されたのち、13世紀後半にさらに大規模な造成が行われ、五間堂がつくられたことが判明した。さらに、大陸系石造物である薩摩塔や宋風獅子、貿易陶磁器の優品の出土、山頂地区から出土したと伝えられる天仁2年（1109）の線刻と中国人名と思われる墨書がある経筒などから、大陸と深く関わった山林寺院であることが判明した。

　西谷地区（にしたに）には、文保2年（1318）銘の板碑や、石鍋製作跡、観法岩と呼ばれる石窟などがある。近年の調査では、西谷地区で13世紀中葉の庭園状の遺構があることが判明するなど、新たな発見が相次いでいる。

写真3　庭園状遺構

3　首羅山遺跡をとりまく取り組み

3-1　地域の取り組み
3-1-1　久山町歴史文化勉強会

　地域では、地元上久原区とボランティア団体久山町歴史文化勉強会を中心とする町民の活動が、首羅山遺跡をとりまく取り組みの中心となっている。平成19年度に発足した「久山町歴史文化勉強会」は町民を主体に活動しており、町の文化財担当者もボランティアで参加している。月に1度、久山町や周辺の歴史、自然など様々な話題をそれぞれ持ち寄って発表を行い、すでに130回の開催を行っている。参加費1回200円で、自由参加である。参加者は小学生から80歳代までと、その年代は幅広く、小学校の先生や町の職員も参加する。勉強会は学びの場だけではなく、情報交換の場でもあり、事業支援などの打ち合わせや意見交換もこの場で行うことができる。小学校の授業の支援や山内の整備などについても、楽しみながらできる範囲で、やれる人だけ参加してもらうという方法で継続的に行っている。

　また、勉強会主催の文化財めぐりや、行政が行う歴史講座の講師をお願いするなど、様々な取り組みを行い、首羅山遺跡をはじめとする久山町の文化財保護の核となっている。

わたしたちの首羅山遺跡（江上）　111

首羅山遺跡の取り組みの経過・予定

年度	発掘調査	整備・活用・主な地域の取組等
平成17年（2005）	本谷地区（地形測量）	調査指導委員会設置
平成18年（2006）	西谷地区（地形測量）	
平成19年（2007）	山頂・日吉地区（地形測量）	久山町歴史文化勉強会発足
平成20年（2008）	本谷地区	見学会・首羅山授業開始・シンポジウム開催・小学校授業開始・『首羅山遺跡―福岡平野周縁の山岳寺院』刊行
平成21年（2009）	本谷地区	薩摩塔・宋風獅子町指定に指定・見学会『首羅山遺跡』概報刊行
平成22年（2010）	本谷地区	見学会
平成23年（2011）	西谷地区	見学会・『首羅山遺跡』発掘調査報告書刊行
平成24年（2012）	西谷地区	国史跡に指定・見学会・上久原かかし祭りの開始
平成25年（2013）	西谷地区	国史跡指定記念イベント・見学会・整備指導委員会設置・猪野さくらまつり開始
平成26年（2014）	西谷地区	整備基本構想・基本計画策定・見学会・公有化開始・もみ殻アート開始・絵本『わたしたちの首羅山ものがたり』刊行・小学校副読本刊行
平成27年（2015）	西谷地区	整備基本設計・保存管理計画策定・見学会・歴史講座開始・ひさやまガール
平成28年（2016）	西谷地区	整備基本設計・見学会・国際シンポジウム開催・歴史講座
平成29年（2017）		見学会・山ノ神古墳調査・整備・歴史講座
平成30年（2018）	工事箇所調査	参道実施設計・工事・シンポジウム開催・久山三女神めぐり・歴史講座
平成31年（2019）	工事箇所調査	サイン実施設計・工事・参道工事・参道オープン・歴史講座
平成32年（2020）		ガイダンス実施設計・工事
平成33年（2021）		ガイダンス工事・ガイダンスオープン

3-1-2　白山神社の獅子舞

首羅山の麓の白山神社は、昭和初期に山頂地区から遷座した神社である。白山神社には獅子舞が伝わっていたが一時途絶え、昭和58年頃、地元の青年団がお宮のなかにあった獅子頭を発見し、獅子舞が復活した。その後平成9

年に「上久原白山宮獅子舞保存会」がつくられた。毎年大晦日から新年にかけて年越しの獅子舞が奉納され、元旦には各家庭250戸を訪問し、厄払いと家内安全を祈願している。

遺跡の調査が進むにつれ、大晦日の白山神社の獅子舞の見学者が少しずつ増え、地元の発案で丸太の松明や、竹燈籠を参道に設置し幽玄な参道の雰囲気をつくるようになった。数年前からは30日に餅つきを行い、紅白の「首羅山 白山神社 福餅」をつくっている。年明けの獅子舞の後、真夜中に福餅の餅まきを行うのである。今では年越しの獅子舞から餅まきまで、町外からの参拝者が急増し賑わいをみせ、地域の活力を生み出している。

3-1-3 かかしと、もみ殻アートと、さくらまつり

平成24年の遺跡見学会に、人の動きそっくりのリアルかかしが登場した。今では秋の上久原地区の道端や田んぼ、家々の庭に、農作業をしていたり、柿の木であそんでいたりする300体を超えるリアルかかしが登場する。同時期に「上久原ふるさとまつり」も行われ、見学者は年々増えている。教育委員会でも久山町歴史文化勉強会の協力のもと、田んぼを借りて、首羅山の開山伝承にでてくる虎や薩摩塔などのもみ殻アートをみんなで試行錯誤して製作し、地元に喜ばれている。

上久原地区でまつりがはじまったことで、首羅山遺跡の北側に位置する猪野地区でも春に「さくらまつり」が行われるようになり、地区ごと、季節ごとに賑わいをみせるようになった。平成26年度の「さくらまつり」では、「猪野から首羅山に登ってみよう！」というイベントを行い、100名以上の参加があり、猪野地区の住民が首羅山遺跡に関心を深めるきっかけとなった。現在は整備計画のなかで猪野からの登山道も猪野地区の協力でつくる計画となっている。

写真4　歴史文化勉強会を中心に
　　　　つくったもみ殻アート

3-2 学校の取り組み―総合的な学習「わたしたちの首羅山遺跡」の概要

久山町には久原小学校と山田小学校の2校の小学校がある。地元の久原小学校では、指定前の平成20年度から授業のなかで首羅山遺跡を取り上げ、遺跡の解明の過程をリアルタイムで学んできた。

現在は町内2校の6年生の総合的な学習「わたしたちの首羅山遺跡」が年間30時間行われている。「わたしたちの首羅山遺跡」の取り組みは、地域の歴史を知るということだけにとどまらず、自分たちの地域が人々の「想い」のなかで守られ、文化が形成されたことを知ることを目的とする。現地を踏み、遺跡調査を支えた地域住民や調査担当者の話を聞くなど、歴史を体感するとともに、それを守り伝える心にも深く探求していく活動が中心となっている。このような取り組みの結果、10年前にはほとんど知られていなかった首羅山遺跡の子どもたちの認知度は99％となった（平成26年度アンケート調査による）。また、6年生に限った継続的な取り組みは、低学年の子どもたちにとっても「6年生になったら首羅山に登って勉強ができる！」という「わくわく感」を生みだしている。

取り組みの特徴は2点ある。1点目は、継続的な学習であり、学習内容が年々深化している点である。きっかけは社会科の現地学習であったが、当時の安部憲司先生を中心に「本物の体験」「地域の素材」「多様な活動」をスローガンに、継続して授業を行い、平成23年度から総合的な学習のなかでカリキュラム化、平成24年度には小学校2校の合同学習を開始し、翌年の国史跡指定記念イベントへとつなげた。つまり、毎年同じ学習内容を繰り返すので

写真5 小学校の授業

写真6 首羅山サミット

はなく、前年度までの学習内容をふまえたうえで、遺跡調査の進展に伴う新たな発見などから教材開発を行っているのである。また、発表の機会をもつことで、低学年の子どもたちも興味をもち、6年生の首羅山の授業をわくわくしながら待つようになる。授業開始までに動機づけができるため、学習意欲の高い授業を行うことができるのである。

　2点目は地域に還元する学習であるという点である。学習内容の成果を町民にダイレクトに発信する場を設けることで、「伝える喜び」を感じるとともに、達成感を味わうことができる。地域に発信することで、「自分たちが遺跡を守っている」という自覚と、郷土を愛する心の形成につながっている。

　平成25年度のシンポジウムでは、遺跡に携わる多くの地域の方々に対し「感謝の気持ちが湧いてくる」という発表や、「目に見える史跡も目に見えない文化も、受け継いでいかなくてはいけない」、「ぼく達の夢は、首羅山で国や文化を超えた交流をすること」などの発言があり、地域を愛する心の醸成や、文化の継続などへの高い意識が感じられた。平成30年度は町を飛び出し、2泊3日で宗像まで遺跡めぐりの旅をしながら、自分たちの町の首羅山遺跡を伝えた。ゴールの大島では、首羅山遺跡保存・整備指導委員会の西谷正先生(九州大学名誉教授)の授業をきくなど、貴重な経験となった。また、令和元年度は「令和の旅」と称し太宰府の坂本八幡宮までの40kmを歩き、自分たちの町を同じように愛する太宰府の小学生らと交流を行った。このような活動の成果は、「郷土や我が国の伝統と文化を大切にし、先人の努力を知り、郷土や国を愛する心を持つ」ことを目指した道徳の学習指導要領にも通じるものがある。

写真7　小学校の壁画

　子どもたちの情報発信の力は想像以上に大きい。首羅山遺跡が発見からわずか8年で国史跡になったのは、遺跡のもつ価値とともに、久原・山田小学校の取り組みが地域住民を動かしたことによる。平成21年度の久原小学校の卒業制作「わたくしたちの首羅山遺跡」の壁画に代表される

ように、無名の遺跡を守り伝えようという子どもたちの学習の取り組みを知った地域住民が、首羅山遺跡の保存へと大きく動いたのである。その動きは、見学会での猪汁のふるまいや、小学校の発表会への参加、史跡指定への理解など、様々である。さらに文化財のボランティア団体「久山町歴史文化勉強会」のメンバーが学校での授業をサポートするなど、学習の充実にもつながっている。

首羅山遺跡学習は、平成27年度には「地域を愛する心の育成」が評価され、博報賞・文部科学大臣奨励賞を受賞、平成28年度には首羅山遺跡学習でつくった絵本がキッズデザイン賞を受賞している。まわりからの高い評価は、子どもたちの誇りの醸成、郷土を愛する心の育成にもつながっている。さらに子どもたちの熱心な取り組みが、大人の心を動かし、久山町の文化財保護の原動力のひとつとなっている。

3-3 行政の取り組み

3-3-1 首羅山遺跡見学会

平成20年度から平成29年度には年に一度、一般公開を行った。全国から参加があり、その数は多いときには400名にのぼった。小中学生の参加も多く、幅広い年代層が参加する。見学会開催にあたっては、上久原区と久山町歴史文化勉強会のボランティアさんに、道の整備や草刈りなどの準備、集合場所である白山神社の清掃、当日の引率などをお願いしている。小中学生も、当日の受付や解説の補助などに巻き込む。山内の主要な場所では、担当者や九

写真8　見学会での地域の猪汁のふるまい　　写真9　見学会でのかかしの出現

州歴史資料館の学芸員による解説を行い、発掘作業をしているところや、出てきたばかりの土器を見せるなどの「本物体験」にこだわった現地説明を行っている。また、下山後には地元上久原地区からの猪汁のふるまいがあり、満開のコスモスやリアルかかしの展示など地元の演出も人気があった。

見学会の開催に多くの町民に関わってもらい、全国から訪れる熱心な見学者の姿を町民が直に目にしたり、マスコミに取り上げられたりすることは、町民の気づきにつながり、首羅山を見直すきっかけとなっている。

3-3-2 国史跡指定記念イベント

国史跡に指定された平成25年の秋に、国史跡指定記念イベントを行った。町民や子どもたちによるシンポジウムと、雅楽師の東儀秀樹氏を迎え、地域の太鼓グループや子どもたちとの合奏も行った。「首羅山開山伝承」の太鼓劇が迫力満点に演じられ、小学生がつくった合唱曲「首羅山いつまでも」と「ふるさと」の大合唱が行われた。当日は小雨が降るなかでの開催であったにも拘わらず、小中学生全員と町民あわせて人口の25%にあたる2,000名が参加した。

東儀秀樹氏は平成27年にも再び来町、小学校2校、中学校1校で歴史教育の一環として雅楽の授業を行った。かつて首羅山でも奏でられたであろう和楽器の「本物体験」につながった。

写真10　国史跡指定記念イベント

3-3-3 歴史講座・久山歴史クラブ

大人向けの歴史講座を平成27年度から実施している。年間5回前後の講座で、主催は町の文化施設であるレスポアール久山である。毎回30名〜50名の参加がある。

平成27年度は「久山町の歴史」、28年度は糟屋郡1市7町の各文化財担当者による「糟屋の歴史」、29年度は「久山周辺の山の歴史」、30年度は「久山の歴史探訪」、令和元年度は「中世山林寺院跡首羅山と周辺の歴史」を行っている。29年度の講座からは、座学だけではなく現地めぐりも行っており、

好評である。

子ども向けの講座としては平成28年度より久山歴史クラブを実施している。月に1度土曜日の午後に行い、博物館見学や、地域の神社の拓本取り、遺跡見学、発掘体験などを行っている。参加者は10名前後である。平成30年度は「博物館をつくろう！」という年間テーマのもとに、石器づくりや勾玉づくり、神社での拓本取りなどを行っている。そして毎年年度末には、父兄や町民を迎えての発表会を行っている。

3-3-4 ひさやまガール

平成27年度には、遺跡見学会の参加が少ない若い女性をターゲットにモニターツアーを実施した。魅力づくり推進課が企画し、地域の方々、山岳ガイド、久山町歴史文化勉強会の協力で行った。まず白山神社から遺跡見学をしながら登り、一時間半程かけて山頂に到着した。山内に忽然とあらわれる石垣や礎石などの遺

写真11　ひさやまガール

構や、落ちている土器、木立の合間からみえる風景に、説明のつど歓声があがった。山頂では鳥の声を聞きながら黙想した。猪野地区に下山し、地元の方の案内でナメコ狩を楽しみ、ナメコ汁や赤米、漬物などの地元食材の食を堪能、「九州の伊勢」といわれる天照皇大神宮を中心とした散策を行った。

アンケートの結果、首羅山の遺跡見学が好評で、遺跡に触れるきっかけをひろげることで、遺跡の魅力を伝える機会が広がるということを感じた。また、おもてなしをした地域も、自分たちの町の魅力を再確認することができやりがいを感じた企画であった。

3-3-5 久山三女神めぐり

平成30年6月に実施した町の文化施設であるレスポアール久山の主催事業である。首羅山遺跡が菊里姫が祀られた山であったことから、周辺の猪野の天照皇大神宮（天照大神）、山田の斎宮（神功皇后）の3つの神社を巡るスタンプラリーを兼ねた歴史ウォーキングで、久山の3地区を結ぶことから考えた

企画である。各神社では文化財担当者だけではなく、地元の久山歴史文化勉強会のメンバーが解説を行った。参加者は町内15名、町外65名であり、町外からの参加者は久山の風景を楽しんでおり、風景もまた町の財産であることの気づきにつながった。80名の参加者がぞろぞろと歩く風景は久山にはめずらしく、地元の方はその光景に興味津々であった。

4　首羅山遺跡とまちづくり

　首羅山遺跡では、地域のなかでかつてのように山が「意識」され、愛着を持って維持・活用されることを重要視して調査や活用を行っている。そのために、遺跡に興味がある人だけでなく、そうでない人にも様々なかたちで首羅山に関わってもらうことが大切だと考えている。行政からの押し付けではなく、それまでの地域の取り組みを把握し、住民の想いをくみ取り、地域素材と組みあわせたり、かつての所作を復活させたりすることによって、遺跡はより身近なものになる。さらに様々な事業の成果が単発で終わるのではなく、次の事業に生かされることも心がけている。例えば国史跡指定記念イベントで首羅山の開山伝承の劇を見た子どもたちが、それを題材に翌年には絵本を作成していくという仕掛けである。絵本が賞をとれば、それは子どもたちの誇りとなり、町の宝となり、遺跡を守る心となる。町民や子どもたちの取り組みに対して、発表の場や評価の場をつくっていくことは達成感につながり、よりよい循環を生み出すのである。

　私たち文化財保護行政の目的は遺跡の保護である。首羅山遺跡をとりまく取り組みを地域とともに行っていくなかで、それはハード面の取り組みだけではなく、人々の「心」の育成によるところが大きいということを学んだ。

　一方これまで、開発優先のまちづくりと、遺跡保護は相反する場合があり、その調整が文化財保護行政の仕事の大部分を占めていた。しかし平成20年のリーマンショック以降、文化財と同様にまちづくりでもハード面に投資することは難しくなっている。そこで今、まちづくりでは、地域の魅力の再発見や「再生」を核に、住民の意識を高めることによって地域のよさを活かしたまちづくりを行うことが主流となってきている。そして遺跡もまた、その是

非はともかく観光資源として注目され、さらに地域のための活用を行い、守り伝えることが求められている。どちらも地域住民がまちを愛することができる取り組みが考え方の主流となっており、遺跡も含めた文化財の活用とまちづくりは、今まさに同じ方向を向いているのである。

　首羅山遺跡の調査前には「久山は田舎だ」「久山には文化も歴史もない」「自然しかない」というマイナス思考の声が多く聞かれた。そのようななか首羅山遺跡が発見され、国史跡になっていく過程で、学術的な研究が進み、それを様々な形で町民にフィードバックしていった。見慣れた風景や自然に、歴史が付加されていくことによって、住民は自分たちの町に誇りをもち、それまでの祭りや行事を工夫したり、新しいイベントを立ち上げたりと、自分たちの手でまちづくりに取り組む意識が高まったのである。また、歴史講座などでも「こんなに面白い町の歴史は専門家だけにはまかせられない、自分たちでもっと勉強しよう」という発言があるまでになっている。そして子どもたちもまた、授業などを通して町に誇りを持ち、どうやって町の宝を守り伝えていくかという課題に取り組んでいる。そして行政も町民の話しを常に聞き、町の総合計画の策定などにも参加し、健康の町久山を意識しながら、様々な行事や取り組みに「参加」していくことを続けている。

　今では「歴史や文化が残っている」「久山にはコミュニティが残っている」「福岡市の隣なのにこんなに豊かな自然がある」という、かつてマイナス要因であったことをプラスに考える方向転換が町民のなかにできつつある。首羅山遺跡の調査は、単に遺跡調査を行い、歴史を明らかにするということだけではなく、町民が自分の町の歴史を知り、よさに気付き、誇りをもち、自らのまちづくりへ取り組んでいくひとつのきっかけとなったのである。

5　おわりに

　首羅山遺跡の調査や整備・活用に取りくんできた15年間で学んだことは、遺跡を守っていくには地域の力が欠かせない、ということである。ただし遺跡を地域が守るということは、地域に任せるということではない。行政は地域に寄り添いながらひとつひとつの文化財の保護のありかたを模索し、歴史

写真12　お弁当が食べられる展望デッキ

写真13　かかし祭りでの町民がつくった展示

写真14　山頂への108段の階段

写真15　伐採による眺望の確保

の証しを、少しでも永く残していくことに知恵を絞り邁進していかなければならない。そのために行政もまた、地域の声に耳を傾け、町民が大切に想っているもの、例えば自然とか神社とか寺院とか小さな石塔、言い伝え、祭りなどを尊ぶ心を地域に学ぶ、ということを続けなければならない。

　遺跡の保護が難しいのは、土地やお金が絡むということはもちろんだが、遺跡は、ある日突然、市民や町民の目前に現れるものであり、それは研究者以外の人間にとっては明らかに異物であるという点にある。その重要性を専門的な用語でいくら力説したところで、大半の町民・市民には理解しがたいものである。

　大切なのは、遺跡と現在、遺跡とそこに暮らす人々をつなぐこと、人々の

"想い"をつなぐことだと考えている。そのために遺跡を過去のものとしてではなく、例えば今ある寺社や伝承を調査したりしながら今にどのように結びついているのかを常に意識し、それをだれもがわかる言葉で表現する努力を行っている。たとえ記録保存となり遺跡が失われたとしても、土地の歴史として地域の人々の記憶に残るような努力を行うことが、私たち地域の文化財担当者の使命ではないかと考えているからである。遺跡を守るヒントは、地域の声のなかに無限にある。行政と地域の"協働"によって持続可能な文化財の保護につながるのである。

　首羅山遺跡は令和2年3月に登山道がオープンする。久山町は「健康の町」をスローガンにしているため、健康づくりをかねた登山道の工事から着手し、遺跡のシンボルである山頂の薩摩塔の見学が可能になり、伐採によって博多湾が一望できるようになる。オープニング行事も地域や学校とともに行うことを考えている。今後は小学校高学年の学習の場として利用できるよう、ガイダンス施設も計画している。直面するボランティアの高齢化の問題については、登山道オープン後に月に1度の登山会を趣向をこらして行い、新たなボランティアの開拓を行い、山の保全の継続を目指している。今後も身の丈にあった活動を行い、山の遺跡の特徴を活かして首羅山遺跡が地域住民の夢の糧となり、ひとりひとりそれぞれの「生きる力」となるような整備を行い、持続可能な遺跡の保存への様々な方法を模索していきたい。そして、山の遺跡がもっと活用され守り続けられていくにはどうしたらいいか、考え続けていきたいと思っている。

参考文献

江上智恵　2014「北部九州の中世山林寺院跡・国史跡首羅山遺跡について」『日本歴史』795

江上智恵　2016「わたしたちの首羅山ものがたり」『月刊文化財』630

江上智恵　2016『ふくおか歴史の山歩き』海鳥社

奈良文化財研究所　2014『計画の意義と方法』平成25年度遺跡整備景観合同研究集会報告書

久山町編　2016『8500人のまちづくり―久山町のこれまでとこれから―』海鳥社

歴史科学協議会編　2017『歴史学が挑んだ課題』大月書店

史跡大友氏遺跡の整備と活用【大分市】
——市街中心部に所在する史跡の
保護・保存・整備・活用の歩みと展望——

坪 根 伸 也

1 はじめに

　大友氏は、鎌倉時代から戦国時代にかけて九州の豊後国(大分県)を本拠とし、守護大名から戦国大名に成長した武家である。特に第21代義鎮(宗麟)の治世には、キリスト教を保護し南蛮貿易を積極的に推進することで、「豊後府内」と呼ばれた国際貿易都市を創造し、大友氏の最盛期を築いた。

　義鎮(宗麟)の没後、第22代義統の時に朝鮮侵略の際の失態を主な理由として、豊臣秀吉により除封され、400年に及んだ大友氏による豊後国の支配は終焉する。府内には豊臣政権の大名が入り、慶長2年(1597)福原直高は中世府内の町の北側海浜部に府内城を築城し、その後、慶長13年竹中重利により府内城・城下町は完成する。これにより我が国においていち早く南蛮文化が花開いた豊後府内のまちは新城下町に移転する。こうして大友氏の時代から続いた中世府内のまちは、その後長く畑地・水田として利用され、しだいに人々の記憶から忘れ去られていった。

　本稿では、発掘調査により400年という長い眠りから目覚めた中世豊後府内(中世大友府内町跡)の中核をなす大友氏遺跡(図1)について、今にいたる歩みと、史跡としての保存活用に関する様々な取り組み、さらには今後の展望について報告する。

2 遺跡発見前夜—昭和末期—

　地元大分には、「府内古図」(写真1)という戦国時代の豊後府内を描いた古絵図が伝わっていた。

124　第Ⅱ部　九州の史跡整備

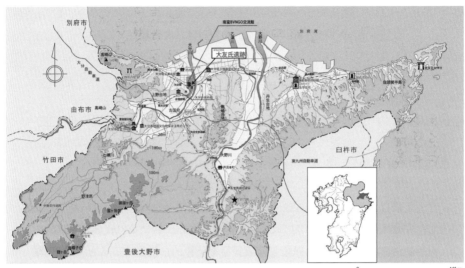

図1　大友氏遺跡位置図

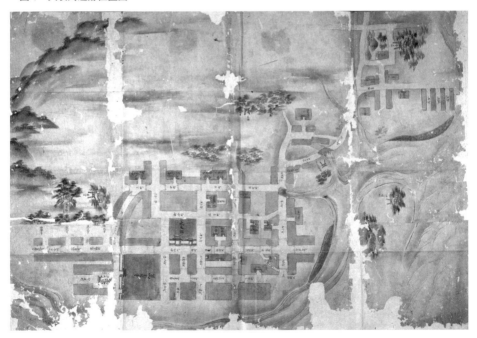

写真1　府内古図（個人蔵）

絵図の中心には大友館が配され、南北4本、東西5本の街路で区画されたまちの姿が描かれていた。まちの中には、寺や神社などの主要施設、多くの町名や町々の境に設置された木戸なども詳細に記されている。また戦国時代の日本側史料や、キリスト教宣教師の記録等に外港として登場する沖の浜も描かれている。そこには、西国における中世地方都市の一般的なイメージとは、構造・スケールともにかけ離れた都市の姿が示されていたのである。

『大分市史 中巻』が昭和62年(1987)に刊行され、添付された付図の1枚に「戦国時代の府内復原想定図」(以下「想定図」)があった。これは明治時代初期の地籍図を基に、先述の「府内古図」に描かれた道や町名、施設の位置を現在の地図に比定したものである。製作にあたっては、昭和30年代の航空写真などを参考にしながら、歴史地理学的手法を駆使し、製作者が地形図を手に、現地に何度も足を運び完成させたと聞く。

この「想定図」と古図を照合することにより、そこに描かれた府内のまちは、南北約2,100m、東西約700mの規模であったことが判明した。さらに大友館についても、一辺が約200mの正方形であり、現在の大分市顕徳町三丁目の大部分を占めていた事も推定された。

また、現在の道路をはじめ、今なお現地に残る地割の多くが、古図に描かれた道や施設境を踏襲していることも明らかにされた。加えて、国際貿易都市豊後府内を象徴するダイウス堂(キリスト教会)も記載されており、この古図が豊後府内の最盛期である戦国時代末期の姿を描いたものであることを物語っていた。この点に関しては、後に古図の詳細な検討がなされ、天正9年(1581)から天正14年の景観年代が推定されている。

ながらく田畑であった大分川河口の左岸地域に、古図にある巨大な都市遺跡の存在をどれだけの人が想像できたであろうか。「想定図」が提示された当時、大友氏や豊後府内への関心はまだまだ低調であった。

大友氏遺跡の保存・活用への扉は、発掘調査の実施という次のステージを待たなければならなかったのである。

3 遺跡の発見・保護政策拡大期—平成—

　豊後府内(中世大友府内町跡)に本格的な発掘調査のメスが入ったのは、平成8年(1996)である。中世大友府内町跡の第1次調査は、「想定図」において「横小路町」に比定され、東西道路の存在が推定されていた場所であった。調査では、16世紀末まで継続して使用された道路跡が、「想定図」で推定された場所で発見された(図2)。この道は、路面幅全体を約40〜60cm程度掘り下げ、内部に砂・粘土・小石等を交互に突き固めながら充塡するという特徴的なものであり、路面幅は約10mという破格の規模を有していた。まさに「戦国時代の府内復原想定図」の信憑性が、遺跡という具体的な物証によって確かめられた瞬間であった。

　平成10年には大分市顕徳町三丁目で大友館庭園跡の一部が発見され、大友館が一辺約200mの正方形の館であることも確認された(写真2)。平成11年には館跡全体指定の方向性が決定され、保存と整備、さらに大友館跡を核とするまちづくりを、総合的に検討する大友遺跡検討委員会が設置された。市街地中心部の一角でもあり、最終的に40,000m²を超える史跡地の指定・公有化は、地元住民に対し多大な影響が懸念されたため、関係住民を対象とした説明会や意向調査の実施を行った。あわせて情報の発信と公開という観点から、大友氏に関する市報特集号を発刊し、市内全戸に配布するとともに、遺跡現地説明会の開催等々に取り組んだ。21世紀が幕を開けた平成13年の8月には、「大友氏館跡」として館の一部が国史跡指定を受けることになる。同年9月には国史跡指定を記念し、中世都市研究会と共催で「中世大友再発見フォーラム」を開催した。

　遺跡の発見の契機となった発掘調査が、100年に一度の大規模事業と謳われた「大分駅付近連続立体交差事業」、「大分駅南土地区画整理事業」、「庄の原佐野線等関連街路事業」を三位一体とする県都大分市における一大事業である大分駅周辺総合整備事業に伴うものであり、新たな時代(世紀)への移行時期に400年の時を超えての発見は、運命的なものさえ感じさせた。そして遺跡が広域に及ぶこと、中心市街地の一角にあたることから、大友氏館跡を

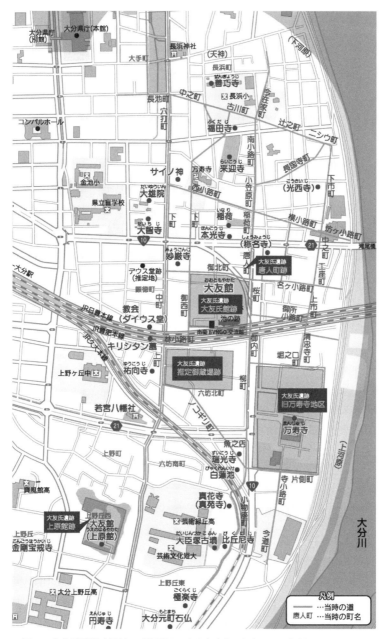

図 2　大友氏遺跡と現在の地図(戦国時代府内復原想定図より作成)

写真 2　大友氏館跡全景(平成 17 年撮影)

中心とする中世大友府内町跡をまちづくりに活かすことが重要であるという認識にいたる。こうしたことから、新たなまちづくり計画との連携を図り、「中世豊後府内」の都市景観を現在のまちづくりに活かし、ハード・ソフト両面において実効的かつ適切な保存管理・整備活用基本計画の作成を行うための「大友氏遺跡を活かしたまちづくり検討委員会」が設置された。

4　整備・活用発展期—平成後半から—

4-1　史跡地の拡大

　大友氏館跡は、平成10年に庭園跡が発見されたことを契機に、その存在が明らかとなり、平成13年に国の史跡に指定された点はすでに述べた。その後も発掘調査は進展し、「想定図」に示された他の諸施設の存在も明らかとなった。平成17年3月には保護範囲が大友氏の菩提寺であった旧万寿寺地区に拡大し、追加指定されたことから、史跡名称も「大友氏館跡」から「大友氏遺跡」へと変更された。調査はさらに進み、平成26年3月段階には、大友氏

写真3　調査の進む大友氏館跡(平成29年撮影)

写真4　大量のかわらけ出土状況(大友氏館跡)

遺跡として、保護を要する範囲は、「大友氏館跡」「旧万寿寺地区」に加え、「唐人町跡」「推定御蔵場跡」「上原館跡」が追加され、対象総面積は約17.3haとなっている。

　大友氏遺跡を構成する5つの遺跡は、大友氏の領国支配の拠点である守護

館「大友氏館跡」（写真3、4）、地方最大級の禅宗寺院とその北側に展開する武家地、町屋を含む「旧万寿寺地区」、国際貿易都市豊後府内において、外国人の居住が推定される「唐人町跡」、蔵場としての利用も含めた大友館に付帯する公共空間に位置づけられる「推定御蔵場跡」、大友氏の軍事的役割を担ったと考えられる「上原館跡」からなる。

　こうした状況を踏まえ、平成26年3月には史跡大友氏遺跡の価値を改めて明らかにし、史跡を確実に次世代へ継承していくための指針等をまとめた『史跡大友氏遺跡保存管理計画書』が策定された。

4-2　整備着手へ向けて

　平成28年11月現在の指定・公有化率は、大友氏遺跡全体約17.3haのおよそ50％となった。なかでも、史跡の中核をなす大友氏館跡は、敷地内の民有地の公有化完了の見通しがついたことから、平成27年12月には、『史跡大友氏遺跡保存管理計画書』の策定を踏まえ、『史跡大友氏遺跡整備基本計画（第1期）』を策定した（図3、写真5）。これは平成13年の史跡指定以来、待望されてきた大友氏遺跡の具体的な整備に向けた手法やスケジュール、基本的な考え方をまとめたものである。これにより保存管理計画とともに、ようや

図3　大友氏遺跡第1期整備ゾーニング

写真5　大友氏遺跡第1期整備対象エリア

く整備への道筋が示されたのである。

　第1期計画は、計画期間を平成27年度から平成41年度までのおおむね15年とする。その対象は大友氏遺跡を構成する5つの遺跡のうち、大友氏館跡と唐人町跡とし、史跡整備の完成と公開、学習交流施設を含む利便施設の完成・公開を目標としている。これは、享禄3年(1530)に誕生した大友宗麟が2030年に生誕500年を迎えるのにあわせ、復元整備の完成をめざすものである。

　事業工程に関しては、15年を5年(短期計画)と10年(中期計画)に区分し、2030年以降の第2期整備計画を長期計画に位置づけている。短期計画は、部分的な早期公開をめざす大友氏館の庭園跡を主な対象とし、中期計画は館の他施設の整備や学習交流施設などを対象とするもので、調査の進捗に伴う学術的検討の進展や、社会情勢の変化などに応じて、必要な見直しや改善を行うものとしている。長期計画については、第1期整備事業の進捗、効果を踏まえながら、旧万寿寺地区など大友氏遺跡の他の構成史跡を対象に、第2期整備計画として新たに策定するものである。

4-3　整備着手

　平成30年から、第1期整備計画の短期に位置づけられている大友氏館庭園跡の具体的な整備に着手している。

　大友氏館跡は、東西・南北200m四方という広大な敷地を有している。庭

写真6　大友氏館庭園跡発掘状況

写真7　大友氏館庭園跡全景写真

園には、戦国時代の大名屋敷の中でも日本最大といわれる池が伴い、その規模は東西67m、南北30mである。大友家第21代義鎮(宗麟)から第22代義統に家督を譲る天正元年(1573)頃に館全体を含めた大規模な改修が行われており、最大規模の庭園の整備もこの時に行われている。

　庭園は、地表から約2m掘り下げ、底付近に護岸石や景石、中島、滝石組、石を敷き詰めた洲浜、背後に築山などを備えた池を形成している(写真6、7)。庭園を眺めるための建物等の詳細は、残念ながら遺構が確認されていないため不明である。

大友氏館庭園跡の最大の特徴は、池の中央を南北方向の中島により区切り、東と西で池の景色が異なることである。中島の東側の池は、石が多用され、巨大な景石をダイナミックに組み合わせ「躍動感に満ちた景色」を表現している。これに対し西側の池は、巨石をあまり使わず、洲浜を備え水面を広く見せる「穏やかな景色」となっている。東西池ともに底には粘土が貼られており、水のしみ込みを防止する工夫が認められる。

導水に関しては、東西を区切る中島の隣接地に池底に粘土を貼っていない穴状に造作された場所があり、地下水脈に通じていることから、この穴からの自然湧水が主な水源の一つであったと考えられる。また、東池の東端にある滝石組は、複数の石の組み合わせにより、水がゆるやかに落ちていくような構造となっており、この場所からの給水も推定される。この滝の水源は、池の北側にある小池と呼んでいる水溜めの施設と、これからさらに北側にある井戸の水を使用していたことが想定される。池の北側中央に接続する北溝も、同じ井戸からの給水が考えられる。滝・溝のいずれも、必要に応じて使用される臨時の導水施設だったことが、発掘調査の結果から推定されている。

4-4 庭園跡の遺構復元計画

大友氏館庭園跡の具体的な復元は、基本的に保護盛土を行い、その上面に復元遺構の整備を行うものである。東池部分については、全面保護盛土を行

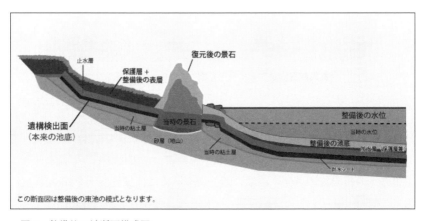

図4 整備後の池断面模式図

写真8　整備工事の進む大友氏館庭園跡

図5　大友氏館庭園跡復元イメージ図

い、盛土により埋まる景石については、GRC（硝子繊維補強セメント）等の材料を用いて製作した景石のレプリカを被せる形で表現し、現位置を保っていない景石等については、本来の形状や位置について検証し、可能な限り当時の姿への復元をめざす。西池の景石については、保護盛土を20cm程度に抑え、実際の景石を埋めずに現状で整備を行っている（図4、写真8）。

　庭園内の植栽に関しては、植栽痕のほか、他の名勝庭園等における植栽を

史跡大友氏遺跡の整備と活用（坪根）　135

参考としながら配置を検討する。また、樹種は、花粉分析や発掘調査によって出土した種子などの分析により判明した樹種を基本とし、他の戦国時代の庭園を参考にしながら植栽を検討していく予定である（図5）。

　復元整備された庭園跡の一般公開を令和2年春に予定しており、現在、短期整備の完成に向け整備工事が進められている。

4-5　情報の発信と活用

　史跡大友氏遺跡の指定と公有化、整備事業の進捗とあわせて事業への理解と協力を得るためには、史跡の本質的な価値や重要性を市内外に積極的に発信していく必要がある。

　これほど大規模な史跡を活かしたまちづくりは、地元住民の方々の理解と協力、さらには市民の皆さんとの協働なくしては成し得ることは不可能である。そのため国史跡の指定を受けた平成13年以降、毎年秋に大友氏遺跡フェスタを継続して開催し、説明会等を積極的に実施してきた。また、この間、南蛮文化と大友宗麟を学ぶ会「ふらんしすこ」をはじめ、おおいた応援隊大友歴史保存会、大友遊学会、豊後大友宗麟鉄砲隊等の市民団体が旗揚げされ、近年ではNPO法人大友氏顕彰会、大河ドラマ誘致推進協議会などが組織されている。こうした民間団体は、大友氏や大友氏遺跡を活かしたまちづくりの推進に大きな役割を果たし、行政では「大友宗麟」と「南蛮文化発祥都市おおいた」を市の「顔」として全国に情報発信していく大友宗麟プロモーション事業を、観光部局を中心に市を挙げての取り組みとして実施している。さらには、このような官・民の連携に加え、大学等との協働によるさまざまな企画も続けられている。

　また、教育現場との連携として、平成25年度に大友宗麟副読本『府内から世界へ　大友宗麟』を作成し、市内の小学校6年生全員に毎年配布し、授業での活用を図っている。

　史跡の現地での情報発信には、平成20年に史跡地内に設置した大友氏遺跡体験学習館を拠点として進めてきたが、平成30年秋に大友氏館跡内に、南蛮BVNGO交流館として移設（写真9）、リニューアルし、各種体験講座の実施や、学校等への出前講座、体験発掘などを継続していく予定である。あわせ

写真9　南蛮 BVNGO 交流館

て、史跡大友氏遺跡の周囲に広がる「豊後府内」と呼ばれた戦国時代の都市遺跡についても、発掘調査の成果を踏まえ、現在の道路を歩くことで、国際貿易都市として繁栄した当時の豊後府内を体感することができるよう、サインや説明板の整備を順次行っている。

5　今後の課題と展望

　少子高齢化社会の到来は、地方を取り巻く環境を大きく変化させた。地域間競争は激しさを増し、地域の個性というものがこれまで以上に重要視され、地域における「○○らしさ」が強く求められている。永い歴史の中で育まれてきた本物の歴史遺産はまさにこれを体現するものであり、これからの地域活性化、まちづくりにおいても必要不可欠な要素となっている。

　大友氏遺跡を有する大分市においても、マチの姿の変貌とともに大友氏を活かしたまちづくりが加速している。今年で大友氏遺跡の中核をなす大友氏館跡の発掘調査も20年を迎え、整備についても平成27年に『史跡大友氏遺跡整備基本計画(第1期)』が策定され、大友氏館跡を中心とする具体的な整備計画を示すことができた。これまでの道のりは決して平坦なものでなかったが、ようやくここまで来た。NPO法人大友氏顕彰会をはじめとする多くの

市民団体の方々や関係者の皆さんの地道な活動とご尽力の賜物である。

　その一方で、事業対象地は中心市街地の一角であったことから、事業着手当時は大型マンションをはじめ多くの家屋が存在していた。事業の推進により、結果としておよそ150世帯が移転することになり、ひとつの地域コミュニティーが事実上消滅した。終の棲家と考えていた家を提供し、移転してくれた地域の皆さんのご苦労は計り知れない。「皆さんの労苦にできる限り報いなければ」。それはスタッフの中でいつしか使命感に変わり、事業は現在も進んでいる。

　今後は、史跡自身の本質的な価値や歴史はもちろんのこと、苦渋の選択をして事業に協力いただいた人々やその歴史についても、確かな記憶・記録として留め、史跡という場を通じて後世へ繋いでいくことが重要と考える。

　大友氏遺跡の保護・保存・整備・活用の完了には長い年月を要することになろう。だからこそ、整備・活用を行っているまさに今、この一瞬も連綿たる悠久の歴史の中にあることをしっかり自覚する必要がある。過去(史跡)と現在(今)を結び、その結果として生まれる新たな歴史(魅力)を地層のように重ねていけば、史跡は尽きることのない興味と関心を湧出する稀有なスポットとして生き続けるだろう。

　今節、未来へしっかりとバトンを渡すことのできる環境の整備が求められている。

参考文献

大分市教育委員会　2014『史跡大友氏遺跡保存管理計画書』

大分市教育委員会　2015『史跡大友氏遺跡整備基本計画(第1期)』

大分市教育委員会　2018「大友氏遺跡現地説明会資料」

国史跡「大隅正八幡宮境内及び社家跡」の
保存と活用【鹿児島県霧島市】

重 久 淳 一

1 はじめに

　国史跡「大隅正八幡宮境内及び社家跡」は、鹿児島県霧島市隼人町宮内地区に所在する。宮内地区は、大隅正八幡宮と呼ばれた鹿児島神宮の発展とともに築かれてきた。錦江湾の奥部に位置する大隅正八幡宮は、鎌倉初期建久8年(1197)の『建久図田帳』によると、約3,000町の大隅国のうち1,296町を有し、1,465町を有する島津荘と二分する勢力を築いていた。正八幡宮には、世襲の四社家と呼ばれる桑幡・留守・沢・最勝寺氏を中心に多くの神人・寺人などがおり、現在もその子孫たちが居住している。また、周辺には正八幡宮に係わる寺院群も配置され、中世には「宮内衆」として登場するなど、一大勢力を有していた。

　近年の社家館跡や寺院跡の発掘調査では、堀と土塁を巡らす1町四方の館跡や多量の貿易陶磁の出土がみられ、極めて、規格性を有する地域だということが判明した。このようなことから、本地区は鹿児島県の歴史を解明する上で不可欠の場所として認識され、平成25年(2013)度に国史跡に指定され、保護活用を図ることになったものである。指定された遺跡は、大隅正八幡宮(現鹿児島神宮)・弥勒院跡(現宮内小学校)・桑幡氏館跡・留守氏館跡・沢氏館跡・最勝寺氏館跡の6遺跡である(図1)。

2 遺跡の概要

2-1 大隅正八幡宮

　旧官幣大社で大隅一宮である。祭神は彦火火出見尊(山幸彦)で、他に仲哀天皇・応神天皇などを祭る。社伝によると和銅元年(708)の建立で、延長

140　第Ⅱ部　九州の史跡整備

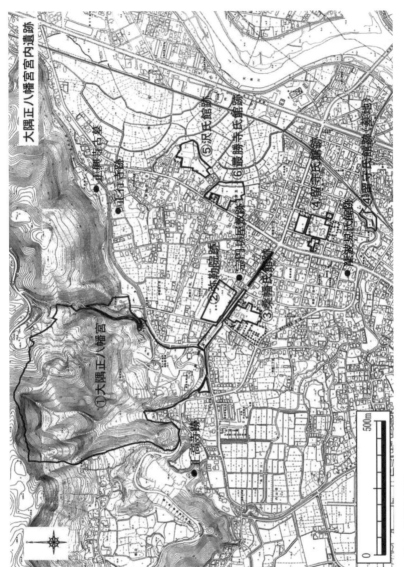

図1　遺跡位置図

5年(927)の『延喜式』では鹿児島神社として登場する。薩摩・大隅・日向3国の中で、鹿児島神社は唯一の大社であった。「大隅国五座　大一座　小四座　桑原郡一座大　鹿児嶋神社」とあるのが、大隅正八幡宮の前身だと考えられている。その後、11世紀後半の応徳4年(1087)には、「八幡正宮」と呼称されるようになり、記録からみて、少なくとも、11世紀後半には八幡化している。12世紀前半には、大隅国の長官を父にもつ執印行賢が活躍し、社領の拡大や権威の増加を図っている。この頃『今昔物語集』によると、八幡神は最初に大隅に現れ、次いで宇佐、その後、石清水に移ったとされている。また、石が割れ、そこに八幡という文字が現れたなどという現象も文書に登場するなど、権威を高める動きがみられる。

　平安後期～中世にかけて、社殿は数回焼けており、その都度再建されている。大永7年(1527)の本田薫親による隅州の乱では、正八幡宮が焼け、正興寺・正高寺・弥勒院もともに焼けている。天文12年(1543)にも焼失し、その後、第15代島津貴久や日秀上人らによって永禄3年(1560)に再建された。宝暦6年(1756)に建造された現在の社殿は県指定となっている。維新当時の石高は763石である。建治3年(1277)には一遍上人も参籠し、神託を得ている。

　古記録では神宮文書があり県指定文化財となっている。宝物としては、国指定文化財の南北朝時代の紺糸威鎧など3領がある。島津貴久などが奉納したといわれる。他に、保安2年(1121)の補任状に押されている「八幡宮印」の古印や14～15世紀前半のタイの灰陶印花象文壺、中国の明代の龍泉窯系青磁壺など海外の陶磁器が多い(次頁写真)。祭祀としては、古代隼人族の祖先である海幸彦が溺れるようすを表現しているとされる隼人舞が8月15日に行われ、旧暦の1月18日に近い日曜日には、馬踊りで知られる初午祭、旧暦5月5日に近い日曜日にお田植え祭などが実施されている。玩具としては、海幸・山幸神話に因む香箱・鯛車などがある。

　平成21年度に境内の山林内が調査され、平安時代～中世の遺構・遺物が見つかっている。特に中世後期の遺物が多く、中国製の青磁・白磁・青花・陶器やタイ産の壺などが出土している。二次焼成を受けているものが多く、戦火にあったことが窺われる。また、礫敷と思われる遺構も検出されている。

鹿児島神宮所蔵陶瓷器(鹿児島神宮所蔵陶瓷器調査団提供)

2-2 弥勒院跡

　鹿児島神宮社殿から東約300mの地点にある。参道を挟んで南側には桑幡氏館跡が立地する。大隅正八幡宮の別当寺である。かつては神宮との間には弥勒堂があり、その場所から発見されたといわれる1体の頭のない仁王像がその名残をとどめている。弥勒院は初め鷲峰山霊鷲山寺と称し、僧性空(960年代の人物)の開基といわれる。かつては弥勒寺と号していた。本尊は釈迦如来・不動明王。中世後期から一時衰退していたが、享保8年(1723)に上野寛永寺末弥勒院として再興され、近世には天台宗となっている。明治維新の時の石高は300石。廃仏毀釈により消滅し、跡地には宮内小学校が建てられた。

　この弥勒院跡は、校門の改修、校舎の増築、校庭整備・宅地分譲などの工事に先立って、平成6年以降10回ほど発掘調査された。池の跡・溝・根石を持つ柱穴などが見つかっている。また、土師器焼成土坑と思われる遺構も見つかっている。出土遺物としては、多量の中国製青磁・白磁・陶器・青花、東南アジアのタイ産の壺、ベトナム産陶器や、出土が希な元代の飛青磁、多量の土師器などが発見された。また、国内産中世陶器、カムイヤキ、近世の肥前系陶磁器、在地系陶磁器などもたくさん見つかっている。他には碁石・

瓦・滑石・古銭等がある。出土した越州窯系青磁や一定量みられる須恵器等からみて、10世紀頃には建てられていた可能性が考えられる。

2-3　桑幡氏館跡（図２）

　神仏混淆であった大隅正八幡宮には、別当寺も含め多くの神官・神人・僧侶が係わっている。「四家」「十家」「衆徒十五坊」「殿守十二家」「山伏法体行者職」「四十七家」「隼人十八家」など110家があり、中でも世襲の四社家は、それらを統括する立場にあった。

　桑幡氏は、息長姓をもち現在の当主で76代目となる。中世には「社家の筆頭」とされる。長く大隅正八幡宮の四社家として、留守・沢・最勝寺氏とともに神宮の繁栄を支えてきた。桑幡氏は、「火闌降命より出、欽明天皇御宇息長姓を賜ふ」とあり、隼人の子孫であるともいわれ、また、大分県の宇佐から来たともいわれる。平安〜鎌倉時代には助清・清道親子（第52・53代）が活躍した。『平家物語 長門本』に第53代息長清道が登場し、平清盛と親交のあったことが記されている。

　平成12年度から宅地造成やマンション建設・保存整備目的等でこれまで６回調査された。第１・２次調査では、館を取り囲む堀や池状遺構などを検出。堀は底面が狭くなる薬研堀を呈し、幅約４m、深さ３mの規模である。その後に検出された堀や現存する土塁からみて、堀間の距離は南北方向が90m、東西100mの規模である。

　発掘調査で発見されたものは、弥勒院跡と同様、海外の陶磁器や土師器などが多量に出土。中国製青磁・白磁、高麗青磁、タイ・ベトナム産陶器、国内産中世陶器、近世陶磁器など。国内産の中世陶器には、東播系・東海系・備前系など。近世では、肥前系や在地系のサツマ焼も多量に出土。この他に、滑石製品・瓦・鉄釘・煙管・古銭・砥石・硯など。注目されるものとして、畿内産の楠葉・和泉型瓦器坏や土製鍋、15世紀頃の風炉などがある。出土した多量の土師器は、この館内で行われた様々な儀式とも深く関係していると思われる。『上井覚兼日記』には、この館内で式三献の儀式が行われていることが記録されている。大宰府編年Ｃ期から遺物が多くなることから、桑幡氏は11世紀後半頃には、ここに居住していることが考えられる。

144　第Ⅱ部　九州の史跡整備

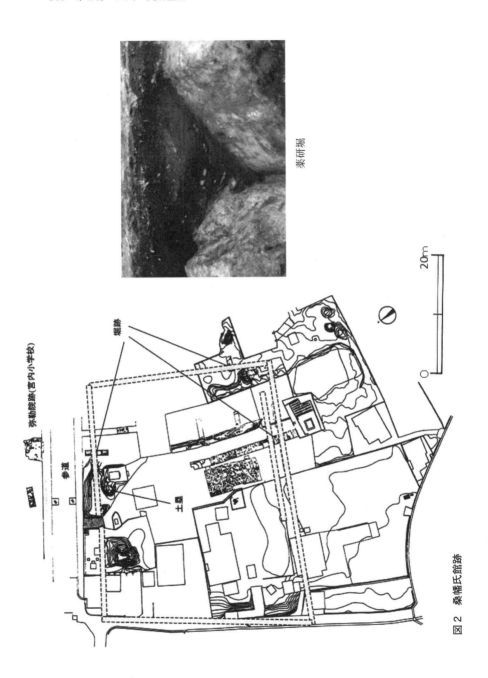

図 2　桑幡氏館跡

2-4 留守氏館跡（図３）

　参道と県道の交差点の南東にあり、神宮から約600mの位置にある。留守氏は紀氏姓を称し、「貞治２年(1363)、留守左衛門入道景信が石清水善法寺より下向した」といわれる。現在の当主で16代目。館は６次にわたって発掘調査された。幅４〜７m、深さ３〜４mの堀跡や、貿易陶磁器が見つかっている。館内には、今なお高さ約３m、幅約11mの土塁が、40mの長さで残っている。土塁は版築工法で構築されていた。館の形状は、北西が屈曲する平面形を呈する。昭和24年の屋敷の配置図によると、周囲は堀と竹林に囲まれており、約１町歩の面積を有すると記されている。東西の距離は堀間で約70m、南北は100mを越すであろう。

　調査で見つかった遺物としては、多量の土師器、国内外の陶磁器、高麗青磁、タイ産陶器、瓦器椀などがある。館は、北西がクランク状に屈曲する平面形で、宝暦６年(1756)に建造された近世の建物には、中門が２つあり、室町儀礼的な礼門と脇門の構造を有していた。現存残っているものに、土塁・氏神・水神・井戸・看経所・築山(庭園・池跡)があり、川を挟んで南側に墓地がある。

　島津氏が南九州を治める前は、この周辺でも激しい戦いが行われている。大永７年(1527)の「隅州の乱」では、本田薫親による正八幡攻めによって、周辺が戦火に巻き込まれ、桑幡氏は櫛間に逃れ、留守氏は25、6年もの間、宮内を離れざるを得なかったこともあったという。また、16世紀後半に活躍した正八幡司官の留守式部大輔藤景なる人物は、天正12年(1584)の肥前の有馬氏の合戦に参陣している。戦国期の体制に組み込まれている神官の姿がそこには看て取れよう。

2-5 沢氏館跡（図４）

　辻の交差点から北東約400mの舌状台地に立地する。東は天降川の氾濫原に接し、比高差は約５m。台地の西側を走る低くなった市道が堀の可能性をもつ。沢氏は「嵯峨天皇より出、姓は源朝臣、承和９年(842)下向した」とされる。田所検校の職にあり、明治維新時は70石であった。多くの文書が『旧記雑録』に集録されている。現在、子孫は町内にいない。墓碑群は径8.5

146　第Ⅱ部　九州の史跡整備

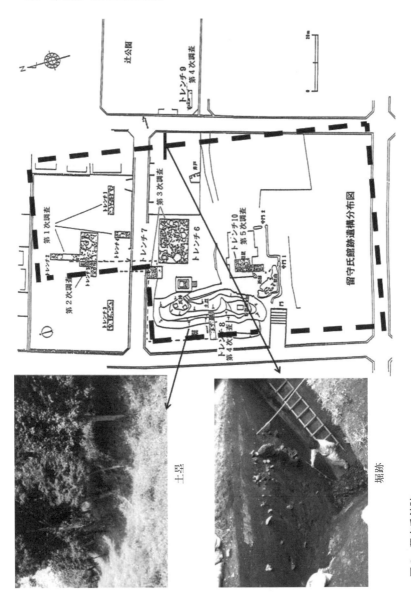

図3　留守氏館跡

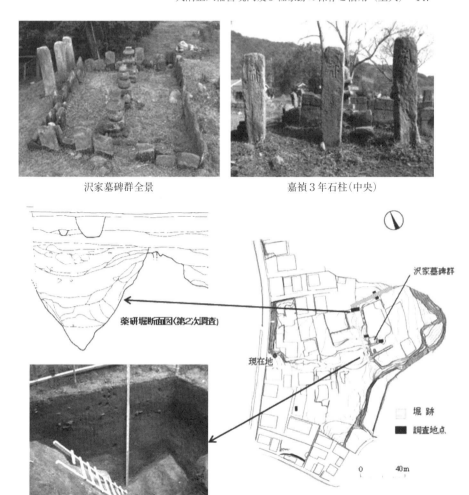

図4　沢氏館跡

×8m、高さ約１mの方形の封土の上に、44基の板碑が4.5×3.2mの範囲に長方形状に並ぶ。その中に延応元年(1239)の石塔や五輪塔、嘉禎３年(1237)銘の自然石柱や、石材が中国産といわれる薩摩塔もあり、市の指定史跡となっている。

　４次にわたる調査で堀跡が３か所で検出され、台地の東端およそ80m四方を限る区画であることが判明した。堀の幅は４～５mで、深さは現地表から2.0～3.5mで、薬研堀もみられた。堀はＬ字状にめぐり、東・南側は氾濫原を堀としている。

　出土遺物としては、中国製の青磁・白磁・陶器・青花・青磁すり鉢、タイ陶器、国内産中世陶器、近世陶磁器などがみられた。遺物からみて、桑幡氏と同様、11世紀後半頃から居住していると思われる。

2-6　最勝寺氏館跡

　沢氏館跡の南の台地上にあり、戦後まとめられた古墓が残存する。最勝寺氏は「九条右相丞師輔より出、第６代孫道宗が寛治年間(1087～94)に下向し、姓は藤原朝臣、別当職にあった」。末裔が今でも居住している。台地の北側末端、沢家墓碑群寄りに、宝篋印塔・五輪塔・宝塔や近世の墓石などがある。明治維新時は25石であった。平成20・21・23年度に発掘調査され、堀跡などが検出された。館の規模は長辺85m、短辺60m、幅50mと推定される。第１次調査で見つかった堀の規模は、幅約５m、深さ約４mで、傾斜は約85度近い角度であった。

　出土した遺物としては、大宰府分類白磁椀Ⅳ・Ⅴ類、青磁Ⅱｂ類、陶器・青花、国内産中世陶器、近世陶磁器などであった。11世紀後半からみられ、中世前期～近代までのものが出土している。ここでもタイ産の壺が発見されている。館規模からみて、最勝寺氏館跡は村落領主クラスの規模を有する可能性があるが、検出された堀の南側にも中世前期の遺構が広がっており、時代によってその規模は異なっていると思われる。

3 遺跡の現状

　大隅正八幡宮(現在の鹿児島神宮)は、標高約250mのシラス台地が後ろに聳え、そこから突き出た、舌状台地に立地している。標高は30〜50m。境内の大半は、急斜面の山林の崖となっている。微視的にみると、標高約250mのシラス台地から標高60m付近にある稲荷神社までは急斜面で、そこから台地突端までは緩斜面となる。基盤層は、国分層群と呼ばれる砂層とシルト層の互層で、その上に30万年前の加久藤カルデラ(鹿児島県に接する宮崎県南西部)起源の火砕流が堆積し、崖面に神座としての巨石が現れている。

　一段下がった台地、弥勒院跡や社家の館跡がある場所は、標高約15mで、「隼人面」と呼ばれ、縄文時代に隆起したといわれている。弥勒院跡は、明治維新時の廃仏毀釈で消失し、その跡地は、現在、宮内小学校となっている。学校の南側には近世〜近代の石積みがみられる。校舎の北側は、宅地の間に水田もみられる。現況としては、小学校用地・水田・宅地等となり、用地内には近世の石塔も多数残っている。

　社家の館跡で、神宮に最も近い場所にある桑幡氏館跡は、土塁が一部残されているものの、宅地・マンションが建てられている。しかし、その館範囲の半分近くは空地と住宅である。留守氏館跡は、長さ40mの土塁が明確に残っており、その外側にある堀もくぼんだ状態を示し、最も良好に遺構が残存する。大半は鹿児島神宮に寄贈され、保護されている。一部に個人住宅や集合住宅があるが、主体部は空地である。沢氏館跡は、土塁の痕跡はみられないものの、堀も検出されており、遺構は明確である。また、周囲も含めて大半は畑として保護されている。最勝寺氏館跡も西側の一部に個人住宅が入り込んでいるが、主体部は山林・畑・水田となっている。ここは後継者が老齢ということもあり、平成25年に将来的には鹿児島神宮にすべて寄贈されるということが決定した。

4　保存の経緯

　平成6年の年末、弥勒院跡の校門改修時に工事立ち会いがあり、調査が開始されて以降、宮内地区では、30数回にわたって調査が行われている。当初は工事に先立って行われていた。しかし、多量の貿易陶磁器の出土、堀・土塁の検出など調査の度に成果があり、また、遺構の残存も良好なことから、調査経費には国庫補助の導入が行われ、旧隼人町教育委員会時代の平成15年度から、四社家の館跡を重要遺跡として保存整備を目的に確認調査を実施している。平成15年度は、留守氏館跡の堀と土塁、規模の確認を行った。平成16年度からは、主に館の規模を把握するために調査している。

　平成20年9月に、県文化財課にて、国から大隅正八幡宮宮内遺跡を国指定について推進するように指示があったことを伝えられ、今後の方向性について協議した。同年12月には文化庁・県文化財課より四社家の取り扱いについて指導があった。

　平成21年9月には国・県より指導があり、遺跡の価値づけ、指導委員会の設置、指定範囲等について協議した。それを踏まえ、同年11月に第1回の調査指導委員会を開催した。三木靖鹿児島国際大学短期大学部名誉教授、五味文彦東京大学名誉教授、坂井秀弥奈良大学教授、日隈正守鹿児島大学教授、前田義人霧島市文化財保護審議会会長、国・県の各先生方が出席され、これまでの調査経過と今後の調査方法について指導・助言があった。平成22年5月には行政内部に理解していただくために、財政・観光・企画や開発部局などの関係者向けに事業説明会を開催した。同じく5月には第2回の調査指導委員会を開催し指導・助言を頂いた。

　また、市民へ周知するために、霧島市立隼人歴史民俗資料館にて、「海と城館が支えた祈りの世界─大隅正八幡宮と宮内の1000年─」と題した特別展を10月5日〜12月5まで開催し、期間中757名の入館者があった。同じテーマで10月には遺跡見学会・シンポジウムを開催し、指導委員会に九州大学の服部英雄先生も加わり、基調講演やディスカッションを行い市民への周知を図った。全国から250名の参加者があった。同年12月には国・県の先生方よ

り、保護範囲及び意見具申までの工程等について指導があった。

　このようなことから、保護されるべき遺跡には、鹿児島神宮及び弥勒院跡についても不可欠ということで、平成23年度は関係者との協議を図った。弥勒院については、小学校用地ということもあり、教育委員会の教育施設グループとの協議を重ね、当面は校庭部分のみを保護範囲とし、建て替え等の際に発掘調査を実施し、遺構の残存状況を見極めた上で、保護範囲の見直しを検討することになった。また、鹿児島神宮には、県文化財課職員にも同行していただくなど、数回にわたって説明にうかがい、理解していただくようにした。四社家の館の保護範囲については、最勝寺氏館跡の南側の範囲が不確定ということで、第1次調査で見つかった堀跡の延長を探すために第3次調査を実施した。平成24年3月には第3回の調査指導委員会を開催し、保護範囲と意見具申までの工程等について指導・助言をいただき、平成24年度は同意書及び意見具申の資料作成を行うこととなった。

　そして、平成25年1月に第4回の調査指導委員会を開催し、意見具申の内容について指導・助言をいただき、平成25年3月までに文化財保護法第189条の規定に基づき国指定史跡として指定を受けるため、国に意見具申を行った。そして、文化審議会の答申を得て、平成25年10月に国の指定史跡となったのである。その場所は、鹿児島県霧島市隼人町内2496-1番地外117筆等で、指定された全体の面積は、鹿児島神宮の境内が主体の約363,500㎡である。

5　指定等の対象の将来にわたる保護の計画と活用

　霧島市教育委員会では、これまで大隅正八幡宮境内及び社家跡の重要性に鑑み、企画展やシンポジウム、歴史街道「平家物語の道」ウォーキングなどを開催し、遺跡の啓発普及活動に取り組んできているところであり、今後もこれまで以上に遺跡の重要性を市民、特に地元の方々に周知を図っていくことになろう。

　史跡の保存については、平成21年3月に「霧島市文化財マスタープラン」を策定し、当該地を重点的保存地域「歴史文化ゾーン」と指定し、これまで文化財の保存・整備は単体で行ってきたが、今後はそれぞれの文化財を連携

させ、ひとつのゾーンとして保存・整備を進めていくことになる。特に、大隅正八幡宮境内及び社家跡は、大隅正八幡宮を主軸にした「中世の宗教都市」の様相を呈しており、遺跡の保存に加え、景観等にも配慮した整備を進めていく必要がある。

　大隅正八幡宮宮内遺跡の保存管理については、霧島市が管理団体となり、一体的な保存管理を行う。平成26度からは、学識経験者及び地域住民等による専門委員会として「大隅正八幡宮宮内遺跡保存整備検討委員会」を組織し、遺跡の保存管理計画を具体的に策定していった。城郭の専門家や整備関係者に新たに参加していただいた。社家については現在民有地であるため、その保存と史跡整備を進めていくため、公有地化を進めていくようにすべきかと考えられる。平成28年度には保存管理計画書も刊行された。その上で、将来的には周辺の遺跡や各種文化財を総合的に学習できる拠点施設、既存施設を利用した「大隅正八幡宮境内及び社家跡ガイダンス施設」の整備拡充を行い、文化財保護愛護思想を地域に浸透させていくことになろう。

　当初の意見具申に際して、地権者の同意が得られていない箇所については、今後も霧島市が地権者に対して十分説明を行い、同意を得た上で、追加指定を行うようにすることになる。校庭部分のみを保護範囲とした弥勒院跡についても、校舎建て替え等の際に発掘調査を実施し、遺構の残存状況を見極めた上で、保護範囲の見直しの検討を行う必要があろう。

　民有地における現状変更等については、周知の遺跡では文化財保護法の適用を受けることから、開発には一定の制限がかかっているが、今回、指定された社家並びに弥勒院跡（宮内小学校）については、整備以外の現状変更は原則として認めない。また、大隅正八幡宮における宗教的行為について、制限を設けるべきではないが、地下遺構に影響を及ぼす行為は認めないということになろう。

　平成24年度に、景観法第8条の規定に基づき、霧島市景観条例が制定され、平成25年4月1日から全面的に施行されている。市の景観形成に関する基本的な方針や景観形成のための行為の制限などについて定めている。その中に、「鹿児島神宮前地区」が育成地区の候補地にあげられた。今後、地域住民との協議をもとに景観計画への反映又は景観地区、地区計画等による保存・形

成に取り組むことを目指している。また、霧島市景観計画の中には、景観活用ルートとして、「歴史の道ルート」が方針として示されており、国分城山から鹿児島神宮までの東西の直線的なルートが想定された。その中には、隼人城、金剛寺跡、舞鶴城跡、大隅国分寺跡、大隅国府跡、大隅正八幡宮境内及び社家跡などの歴史的な地域資源が分布しており、地域固有の歴史を今に伝える重要なルートとして、今後、一体的に保存整備し、活用を図っていくことになる。鹿児島神宮の社殿、境内の古木・巨木をはじめとした社叢林・水路、鳥居と参道、参道沿いのまちなみ、祭礼の空間が記されている。今後、大隅正八幡宮境内及び社家跡を核として、周辺を一帯的に保護・活用を図ることが考えられる。ここには、初午祭があり、今でも20万人が集まる。現在もなお息づく宗教都市である。

　活用としては、現在、隼人駅前で受け付けているシルバー人材センターによるボランティアガイドなどの取り組みもなされているが、まだまだ活発とはいえない。今年（平成31年）に入って、文化財保護法が改正され、国も「埋蔵文化財の活用と観光考古学」などとして地域資源を観光に結び付けようとしている。それに応えるためにも、遺跡に対する地道なさらなる基礎研究が必要であろうし、他の部署との連携が不可欠となってくる。

参考文献

鹿児島神宮　1997『鹿児島神社文化財調査報告書』

霧島市教育委員会　2011『大隅正八幡宮関連遺跡群総合調査報告書』

霧島市教育委員会　2013『大隅正八幡宮宮内遺跡―総括報告書―』

霧島市立隼人歴史民俗資料館　2010『海と城館が支えた祈りの世界―大隅正八幡宮と宮内の1000年―』

重久淳一　2010「中世大隅正八幡宮をとりまく空間構造」『地域政策科学研究』第7号

隼　人　町　1985『隼人郷土誌』

あとがき

　1年半前のシンポジウムの記録が、ようやく日の目を見ることになった。国史跡勝尾城筑紫氏遺跡（佐賀県鳥栖市）は、山間の谷に展開することから、福井県の国史跡一乗谷朝倉氏遺跡との類似性が指摘され、全国の研究者や城郭ファンから注目を集め、それに伴って一時は最先端の調査・研究が展開した。鳥栖市を訪れる見学客の増加につれて、市民の皆さまからも遺跡の整備と活用の早期実現が期待されるようになっていた。

　しかし、国指定後10数年を経ても整備事業はほとんど進展せず、時の経過とともに市民の関心が薄れるようになり、県内外の研究者や城郭ファン・歴史ファンや市民の関心も大きく後退した。国指定決定当時のあの盛り上がりは、うたかたの夢でしかなかったのであろうか。いやそうではなかろう。国指定実現に向けて、市職員が地権者の家々をまわり、熱心に指定の意味や整備事業について説明し、指定についての同意を求めた仕事ぶりは、紛れもなく職員の多くが市の発展を考えた誠意ある行為であったと思う。また、地権者の方々が国指定に同意して下さったのも、市の方針に賛同され、市の発展に寄与しようとされた明確な意思表示であった。

　私たちは、国指定に向けてさまざまな努力をされ、そして協力された多くの方々の想いと期待を実現するとともに、それを鳥栖市の発展に繋げたいとの思いから、シンポジウムを開催し、本書を編むことになった。編者の鈴木は、20数年、地元の佐賀大学で教鞭をとり、その後も佐賀市に住まい、鳥栖市の文化財保護審議委員を務める一方、肥前を中心とする九州の流通経済史の研究に打ち込んでいる。同じく堀本は、30年近く福岡市博物館に勤務し、北部九州の戦国史研究を牽引しつづける一方、勝尾城筑紫氏遺跡が国指定になる前から、足かけ20年余にわたって保存整備委員会の委員を務めている。同じく市村も、勝尾城の調査開始直後から、かれこれ30年近く保存・整備委員会の委員をつとめている。その点からいえば、編者はいずれも、長らく鳥栖市の文化財行政に関わり、その発展のために微力ながら努力してきた点で共通する。

勝尾城筑紫氏遺跡は、この10余年の間、ほとんど調査や保存・整備・活用に関する情報発信が停止状態となったため、市民の間でさえこの遺跡についての関心が薄れつつあり、さらに市外・県外の人々の記憶からは消滅しつつあるのが実情である。私たちは、この現状を大いに憂えるとともに、少しでも状況を改善したいと願っており、そのためにも、この遺跡の価値を改めて市内外に示し、停滞した整備事業を少しでも前進させることで、地権者の皆さまや努力されてきた関係者の皆さまに報いたいと思う。

　本書は、シンポジウムの記録に加え、5人の市民の率直なご意見を掲載し、合わせて九州各地で進行中の遺跡の整備・活用事業の中から3例を紹介しているが、そこに共通する町づくり、地域づくりの考え方や理念を多くの方々に汲み取っていただければ幸いである。

　2019年7月吉日　　　　　　　　　市村高男・鈴木敦子・堀本一繁

【執筆者紹介】 掲載順　＊は編者

＊市村　高男（いちむら・たかお）　　　高知大学名誉教授、勝尾城筑紫氏遺跡整備委員会会長
　石橋　新次（いしばし・しんじ）　　　元鳥栖市教育委員会
　岡寺　　良（おかでら・りょう）　　　九州歴史資料館学芸員、勝尾城筑紫氏遺跡整備委員会委員
＊堀本　一繁（ほりもと・かずしげ）　　福岡市博物館学芸員、勝尾城筑紫氏遺跡整備委員会委員
＊鈴木　敦子（すずき・あつこ）　　　　佐賀大学名誉教授、鳥栖市文化財保護審議委員会委員

　才田　良美（さいた・よしみ）　　　　勝尾城筑紫氏遺跡整備委員会副会長
　下田　　寛（しもだ・ひろし）　　　　佐賀県議会議員
　田中　健一（たなか・けんいち）　　　ふるさと元気塾
　中山　　悟（なかやま・さとる）　　　ふるさと元気塾
　藤波　誠司（ふじなみ・せいじ）　　　フジナミマネジメントコンサルティング代表

　江上　智恵（えがみ・ともえ）　　　　福岡県久山町教育委員会
　坪根　伸也（つぼね・しんや）　　　　大分市教育委員会
　重久　淳一（しげひさ・じゅんいち）　元鹿児島県霧島市教育委員会

勝尾城 筑紫氏遺跡と九州の史跡整備　　　　　　　岩田書院ブックレット
（かつのおじょうちくしししいせき）　　　　　　　歴史考古学系H-28

2019年（令和元年）12月　第1刷 600部発行　　　定価［本体1800円＋税］
編　者　市村 高男・鈴木 敦子・堀本 一繁

発行所　有限会社岩田書院　代表：岩田　博　　http://www.iwata-shoin.co.jp
　　　　〒157-0062 東京都世田谷区南烏山4-25-6-103　電話 03-3326-3757 FAX 03-3326-6788
組版・印刷・製本：三陽社

ISBN978-4-86602-084-6　C1321　￥1800E　　　　　　　　　　　　　　　コピーOK

岩田書院ブックレット　歴史考古学系Ｈ

①	史料ネット	平家と福原京の時代	1600円	2005.05
②	史料ネット	地域社会からみた「源平合戦」	1400円	2007.06
③	たばこ塩博	広告の親玉赤天狗参上！	1500円	2008.08
④	原・西海 ほか	寺社参詣と庶民文化	1600円	2009.10
⑤	田村　貞雄	「ええじゃないか」の伝播	1500円	2010.04
⑥	西海・水谷ほか	墓制・墓標研究の再構築	1600円	2010.10
⑦	板垣・川内	阪神淡路大震災像の形成と受容	1600円	2010.12
⑧	四国地域史	四国の大名	品切れ	2011.04
⑨	市村高男ほか	石造物が語る中世の佐田岬半島	1400円	2011.08
⑩	萩原研究会	村落・宮座研究の継承と展開	1600円	2011.09
⑪	四国地域史	戦争と地域社会	1400円	2011.10
⑫	法政大多摩	文化遺産の保存活用とNPO	1400円	2012.03
⑬	四国地域史	四国の自由民権運動	1400円	2012.10
⑭	時枝・由谷ほか	近世修験道の諸相	1600円	2013.05
⑮	中世史サマーセミナー	日本中世史研究の歩み	1600円	2013.05
⑯	四国地域史	四国遍路と山岳信仰	品切れ	2014.01
⑰	品川歴史館	江戸湾防備と品川御台場	1500円	2014.03
⑱	群馬歴史民俗	歴史・民俗からみた環境と暮らし	1600円	2014.03
⑲	武田氏研究会	戦国大名武田氏と地域社会	1500円	2014.05
⑳	笹原・西岡ほか	ハレのかたち－造り物の歴史と民俗－	1500円	2014.09
㉑	四国地域史	「船」からみた四国－造船・異国船・海事都市－	1500円	2015.09
㉒	由谷　裕哉	郷土の記憶・モニュメント	1800円	2017.10
㉓	四国地域史	四国の近世城郭	1700円	2017.10
㉔	福井郷土誌懇	越前・若狭の戦国	1500円	2018.06
㉕	加能・群馬	地域・交流・暮らし	1600円	2018.11
㉖	四国地域史	四国の中世城館	1300円	2018.12
㉗	小宮木代良	近世前期の公儀軍役負担と大名家	1600円	2019.03